Das Potential verfügbarer Daten für Forschung und Entwicklung im Kontext von Active and Assisted Living bzw. Ambient Assisted Living (AAL)

Sandra Schön, Cornelia Schneider,
Diana Wieden-Bischof und Viktoria Willner

Dieser Band ist Teil der Schriftenreihe „InnovationLab Arbeitsberichte" des Forschungsbereichs InnovationLab der Salzburg Research Forschungsgesellschaft mbH. Die Schriftenreihe dokumentiert Ergebnisse aus Forschungs- und Innovationsprojekten.

© Salzburg Research Forschungsgesellschaft – März 2016

ISBN 978-373-9-239-28-6

Sandra Schön, Cornelia Schneider,
Diana Wieden-Bischof und Viktoria Willner:

Das Potential verfügbarer Daten
für Forschung und Entwicklung im Kontext
von Active and Assisted Living bzw.
Ambient Assisted Living (AAL)

Band 3 der Reihe „InnovationLab Arbeitsberichte", herausgegeben vom Forschungsbereich InnovationLab der Salzburg Research Forschungsgesellschaft mbH

Verlag und Herstellung: BoD - Books on Demand, Norderstedt
Umschlaggestaltung: Daniela Gnad, Salzburg Research.

Dieser Band beruht auf Ergebnissen des Projekts „ODAAL", Projekt-Nr. 850814, September 2015 bis Februar 2016, Förderprogramm: benefit – Intelligente Technologien für ältere Menschen, BMVIT, FFG – Österreichische Forschungsförderungsgesellschaftt. Homepage des Projekts:
http://odaal.salzburgresearch.at

Der Band steht unter der Lizenz CC BY-ND Salzburg Research
(URL zur Lizenz: https://creativecommons.org/licenses/by-nd/4.0/)

Bibliografische Information der Deutschen Nationalbibliothek:

Die Deutsche Nationalbibliothek verzeichnet diese Publikation
in der Deutschen Nationalbibliografie; detaillierte bibliografische
Daten sind im Internet über http://dnb.d-nb.de abrufbar.

Vorwort

Sehr geehrte Leserinnen und Leser,

die vorliegende Auftragsstudie wurde im Frühjahr 2015 ausgeschrieben, rund ein Jahr später liegt das Ergebnis in Form dieser Veröffentlichung vor. In nur sechs Monaten wurden drei Workshops mit Expertinnen und Experten durchgeführt, ein Katalog für verfügbare Daten entworfen, gefüllt und auch kreative Möglichkeiten der Nutzung von verfügbaren Daten im Kontext von AAL erdacht und diskutiert.

Damit uns dies gelingen konnte, war Unterstützung notwendig, für die wir uns bedanken möchten. Unser herzlicher Dank gilt zunächst allen Expertinnen und Experten, die diese Studie durch ihre Teilnahme bei unseren drei Workshops unterstützten, namentlich in alphabetischer Reihenfolge:

Georg Aumayr (Johanniter Österreich Ausbildung und Forschung gemeinnützige GmbH), Fabio Batz (Vidatio, FH Salzburg), Hans Demski (Helmholtz Zentrum München), Andreas Diensthuber (Geschäftsführer SOLGENIUM OG), Alexander Eder (Fonds Soziales Wien), Georg Eschbacher (Vidatio, FH, Salzburg), Julia Himmelsbach (AIT), Harald Hochreiter (FFG), Daniela Krainer (FH Kärnten), Johannes Oberzaucher (Ambient Assisted Living, Medizintechnik/Medical Engineering, Fachhochschule Kärnten), Walter Prinz (BMVIT), Christian Stingl (FH Kärnten), Harry Timons (Amt der Salzburger Landesregierung), Birgit Trukeschitz (Forschungsinstitut für Altersökonomie der WU Wien), Jürgen Umbrich (WU Vienna, Institute for Information Business), Lukas Wanko (Vidatio, FH Salzburg), Rupert Westenthaler (RedLink GmbH) und Markus Wiedhölzel (Salzburg AG).

Zudem möchten wir uns auch herzlich bei beiden Verantwortlichen des benefits-Programm Gerda Geyer (FFG) und Kerstin Zimmermann (BMVIT) für die unkomplizierte und kooperative Zusammenarbeit bedanken.

Schließlich gilt unser Dank auch unseren Kolleginnen und Kollegen bei der Salzburg Research Forschungsgesellschaft, die im Studienverlauf als Expertinnen und Experten sowohl bei den Vorbereitungen der Workshops geholfen als auch durch ihre Teilnahme unterstützt haben (in alphabetischer Reihenfolge): Richard Brunauer, Daniela Gnad, Georg Güntner, Werner Moser und Siegfried Reich.

Sandra Schön für das ODAAL-Studienteam
Salzburg Research Forschungsgesellschaft
März 2016

Inhaltsverzeichnis

1. Einleitung und Hintergrund 7
    1.1 Ambient Assisted Living bzw. Active and Assisted Living (AAL) 7
    1.2 Problemstellung 8
    1.3 Zielsetzung und Vorgehen der Studie im Überblick 10

2. Verfügbare Daten und unterschiedliche Perspektiven im Kontext von AAL 13
    2.1 Unterschiedliche Formen der Verfügbarkeit von Daten 13
    2.2 Verfügbare Daten nach dem Grad ihrer Aufbereitung bzw. Aggregation ... 14
    2.3 Datenformate von verfügbaren Daten 14
    2.4 Verfügbare Daten nach Umfang - der Sonderfall Big Data 15
    2.5 Anbieter/innen und Quellen verfügbarer Daten 16
    2.6 Perspektiven auf die verfügbaren Daten im Bereich von AAL 17
    2.7 Anforderungen an Daten aus Perspektive der AAL-Community 20

3. Verfügbare Daten mit Relevanz für die österreichische AAL-Community 23
    3.1 Vorgehen bei der Sammlung und Auswahl der Daten 23
    3.2 Vorgehen bei der Beschreibung und Erfassung der Daten 24
    3.3 Der ODAAL-Katalog 24
    3.4 Die beschriebenen Datenquellen 25
    3.5 Übersicht über verfügbare Daten mit Hinblick auf Themen 27
    3.6 Nutzbarkeit im Hinblick auf unterschiedliche Eigenschaften der Daten ... 29
    3.7 Verfügbare Daten, die nicht im Katalog erfasst wurden 33

4. Unterschiedliche Verfahren der Auswertung von verfügbaren Daten 35
    4.1 Überblick und Vorgehensweise bei der Recherche und Darstellung 35
    4.2 Aufbereitung von verfügbaren Daten 35
    4.3 Verfahren der statistischen Analyse 36
    4.4 Verfahren des Webmonitoring und der Informationsextraktion 37
    4.5 Qualitative Zugänge der Text- und Bildanalysen 39
    4.6 Soziale Netzwerkanalyse 40
    4.7 Verfahren der künstlichen Intelligenz 41
    4.8 Data Mining 42
    4.9 Mash-Ups und Verknüpfung von Datenquellen 43
    4.10 Auswertung von Floating/Big Data 44
    4.11 Visualisieren und interaktive Darstellungen 46
    4.12 (Integriertes) Auswertungstool auf Webplattformen 47
    4.13 Zusammenschau: Allgemeine Chancen und Herausforderungen 48

5. Mögliche Nutzungsszenarien verfügbarer Daten im Kontext von AAL – Ergebnisse des Kreativ-Workshops 51
    5.1 Vorgehen 51
    5.2 Überblick 51
    5.3 Entwicklung der Nachfrage nach Rollatoren – Google Trends 52
    5.4 Marktforschung: Kommunikation mit älteren Familienmitgliedern 54
    5.5 Mehr Bewegung! – Eine Bewegungsmotivations-App 55
    5.6 Service-App für beeinträchtigte Nutzer/innen im öffentlichen Verkehr 57
    5.7 Wiener Kartenservice für mobilitätseingeschränkte Personen 58
    5.8 Ambulanzfinder 59
    5.9 Hotelrezensionen von älteren Reisender und deren Bedürfnisse 61
    5.10 Bedarfsanalysen zur AAL-Zielgruppe durch Analyse von Fotos 62
    5.11 Was die Expertinnen und Experten interessant und herausfordernd finden 64

6. Chancen und Herausforderungen der Nutzung von verfügbaren Daten im Kontext von Active and Assisted Living bzw. Ambient Assisted Living (AAL) 67
    6.1 Vorgehen 67
    6.2 Publikationen zu Chancen und Herausforderungen im Kontext von AAL 68
    6.3 Das Thema „Kosten" 70
    6.4 Das Thema „Qualität" 72
    6.5 Das Thema „Datenschutz" 73
    6.6 Die Themen „Innovation und Transparenz" 76

7. Chancen und Herausforderungen der Nutzung von verfügbaren Daten in AAL aus unterschiedlichen Perspektiven 79
    7.1 Perspektive der Datenanbieter/innen 79
    7.2 Perspektive der Forschung im Kontext von AAL 80
    7.3 Perspektive der Policy Maker 80
    7.4 Perspektive der Datennutzung in AAL-Services 81
    7.5 Perspektive der End-Anwender/innen 82
    7.6 Perspektive der Marktforschung und Innovationsentwicklung 83

8. Zusammenschau und Ausblick 85
    8.1 Zusammenschau: Daten und Potential sind vorhanden – aber ausbaufähig 85
    8.2 Erwartung: Ein Zuwachs an verfügbaren Daten 87
    8.3 Der große Spielraum als Chance 87
    8.4 Mögliche unterstützende Maßnahmen für die Nutzung 88

9. Anhang 91
    9.1 Literaturverzeichnis 91
    9.2 Materialien 100

1 EINLEITUNG UND HINTERGRUND

1.1 Ambient Assisted Living bzw. Active and Assisted Living (AAL)

Die Zielsetzung im Arbeits- und Forschungsbereich des sog. „Ambient Assisted Living" bzw. seit einiger Zeit oft auch als „Active and Assisted Living" bezeichnete Feld (beide: kurz AAL) ist es, die Lebensqualität bei Älteren zu Hause durch die Entwicklung und Nutzung innovativer Technik und Assistenzsysteme zu erhalten und zu steigern. Dabei umfasst AAL „als ein hybrides Produkt eine technische Basisinfrastruktur im häuslichen Umfeld und Dienstleistungen durch Dritte mit dem Ziel des selbstständigen Lebens zuhause" (VDE, 2012, S. 9).

Die wichtigen Domänen von AAL sind dem VDE (2012) zufolge Kommunikation, Mobilität, Selbstversorgung und häusliches Leben (ebd., S. 14). In den letzten Jahren hat es sich zu einem bedeutenden Forschungsgebiet in Europa entwickelt, was sich u. a. an der Einführung von Joint Programming Initiativen zeigen lässt[1,2]. Im Programm „Ambient Assisted Living" wird mit dem Punkt „Living actively and independently at home" eine Verschiebung des thematischen AAL-Bezugs auf Aspekte wie Lifestyle, Lebensqualität, soziale Inklusion und Prävention deutlich.

Um hier gezielte Aktivitäten und Services für AAL zu entwickeln, bedarf es nicht nur der passenden Technologie, sondern eben auch ausreichender Informationen über die Lebenssituation und Bedürfnisse der Zielgruppe. Um umgebungsunterstütztes Leben zu erleichtern und zu optimieren, werden Studien unterschiedlicher Art durchgeführt. Häufig handelt es sich dabei um Befragungen; wobei sowohl standardisierte als auch qualitativ-partizipative Verfahren zum Einsatz kommen. Letztere finden häufig bei Entwicklungsprojekten mit enger Einbindung der Zielgruppe statt[3].

Die Verschiebung des AAL-Fokus und der Zielgruppen wirkt sich dabei ebenso auf Informationsbedürfnisse und -gewinnungsmethoden aus: Es werden Daten für Bewegungs-, Verhaltens- und Interaktionsanalysen notwendig. Da AAL-Lösungen zukünftig auch vermehrt über private Zahler/innen finanziert werden, werden auch andere Informationen wie beispielsweise regionale/überregionale Kaufkraft oder Marktstatistiken wichtiger. Es stellt sich die Frage, ob es hilfreich ist, alternativ oder ergänzend existierende Daten, insbesondere solche, die mithilfe des Internets zur Verfügung stehen, auszuwerten, um neue relevante und hilfreiche

---

[1] (JPI) "More Years, Better Lives - The Potential and Challenges of Demographic Change", URL: http://www.jp-demographic.eu/ (2015-02-15)
[2] http://www.aal-europe.eu/ (2015-02-15)
[3] exemplarisch ist hier z. B. folgende Zusammenstellung aufzuführen: http://partner.vde.com/bmbf-aal/publikationen/pages/publikationen.aspx (2015-02-15)

Informationen zu AAL-Themen zu erhalten. Allgemein lässt sich der Prozess der Verwendung existierender Daten folgendermaßen darstellen (s. Abbildung 1).

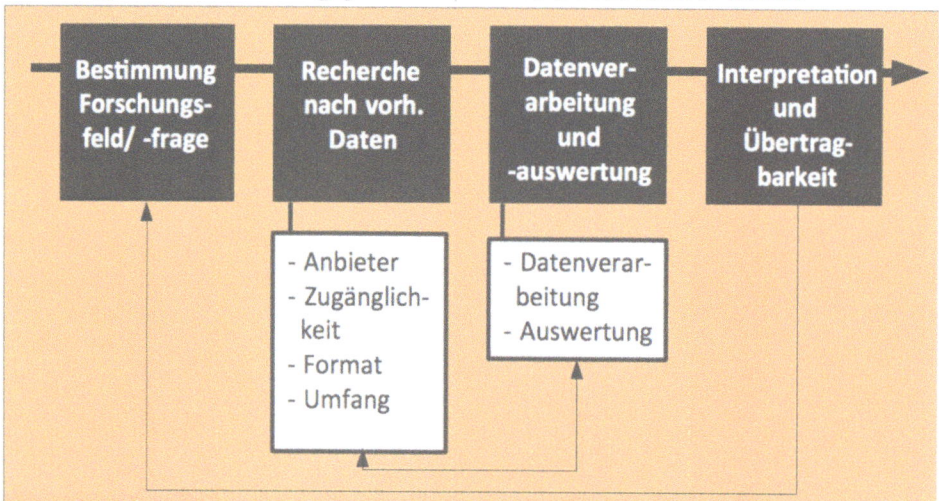

Abbildung 1: Prototypischer Forschungsprozess mithilfe existierender Daten

Während bei der eigenen Datenerhebung die Forschungsfrage klar definiert ist, wird diese bei der Verwendung von existierenden Datensätzen häufig erst im Nachhinein bestimmt bzw. konkretisiert (vgl. Pfeil von der Interpretation zur Forschungsfrage in Abbildung 1). Darüber hinaus bestimmen die Datenformate und der Umfang der Daten auch die Datenverarbeitung und -auswertung (vgl. Wechselwirkungspfeil in Abbildung 1). Beim herkömmlichen Verfahren sind hingegen das Datenformat und -auswertung eine (auch, aber nicht allein durch praktische Aspekte beeinflusste) Folge der Forschungsfrage.

1.2 Problemstellung

Auch wenn es Beispiele für die Nutzung von verfügbaren Daten für AAL-relevante Informationen gibt, fehlt eine systematische Darstellung für die konkreten Möglichkeiten und das damit verbundene Potential. Offene Fragestellungen in diesem Zusammenhang sind beispielsweise die Fragen nach den relevanten verfügbaren Daten, den notwendigen oder möglichen Analysetechniken (vgl. Abbildung 2) sowie (zukünftige) Realisierungen und Erfahrungen damit.

Forschungsleitende Fragestellungen im Projekt

Forschungsbedarf	**Status quo der Daten**	**Potential der Daten**
Forschungsfragestellungen und Herausforderungen im Feld des Active and Assisted Living (AAL) in Österreich	Datensätze, die für Forschungszwecke im Themenfeld mit Relevanz für Österreich zur Verfügung stehen (inkl. Open Data, Big Data)	Im Hinblick auf Kombination von Daten und neue Verfahren (u.a. Data Mining, Visualisierung, Künstliche Intelligenz)
Welche Informationen wären relevant?	Welche relevanten Daten gibt es? Wie können sie genutzt werden?	Welche Potentiale innovativer Nutzung werden gesehen?
		Ergeben sich daraus neue Fragestellungen für AAL?
AP 2 – Bestandsaufnahme		AP 3 – Potentialanalyse

Abbildung 2: Forschungsleitende Fragestellungen im Projekt

Als erste Herausforderung ist also zu klären, welche Daten prinzipiell zugänglich sind, um für den österreichischen Kontext relevante Informationen der Generation 60+ und AAL-Themen zu erhalten. Hier ist es notwendig, eine Übersicht der Angebote, insbesondere, aber nicht nur, von Open Government Data zu geben. In der herkömmlichen sozialwissenschaftlichen Forschung wird zunächst eine Forschungsfrage gestellt, dann werden die Konzepte entsprechend operationalisiert und in einer Befragung umgesetzt. Die Antworten werden wiederum hinsichtlich der Eingangs gestellten Forschungsfragen und ggf. Hypothesen ausgewertet und interpretiert. In der Nutzung vorhandener Daten, und insbesondere bei Daten die eben nicht gesondert durch Befragungen erhoben wurden (z. B. Big Data), stellen sich andere Herausforderungen an die Analyseverfahren. So ist es hier durchaus üblich und sinnvoll, explorativ vorzugehen und auch kreative Auswertungsverfahren einzusetzen.

Insbesondere ergeben sich bei bestimmten Datenformaten und -strukturen auch eine Reihe notwendiger oder möglicher Arbeitsschritte zur Datenaufbereitung oder -auswertung (Bitkom, 2012). Zur Bewältigung der Anforderungen umfangreicher Datenmengen (Big Data) sind Verfahren der künstlichen Intelligenz (Machine Learning, Reasoning) notwendig, es können Verfahren wie soziale Netzwerkanalysen von Interesse sein oder auch explorative Data-Mining-Verfahren oder Visualisierungen.

Eine Herausforderung besteht also darin, dass es notwendig erscheint, nicht nur den Status quo von verfügbaren Daten und Verfahren zu beschreiben, sondern auch kreativ-innovative Ideen für Analysemöglichkeiten zu entwickeln.

Von besonderem Interesse sind dabei

- Kombinationen von Daten bzw. Methoden (z. B. mit Linked-Data-Technologien);
- neue Methoden und Verfahren (z. B. Data Mining, Verfahren für Big Data) und
- kreative Nutzung von Daten(-sätzen), die nicht auf den ersten Blick geeignet erscheinen, z. B. die Verzeichnisse von Patenten, Fotos auf einer Plattform.

Neben der Entwicklung innovativer Analyseansätze zur Informationsgewinnung im Themenfeld AAL ist es übrigens durchaus möglich, dass auch (Ideen für) neuartige Business- und Service-Modelle entstehen können (vgl. Bitkom, 2015).

Das Potential wird allgemein als vorhandene bzw. noch nicht genutzte Möglichkeiten beschrieben (z. B. Mackensen, 1991, S. 828). Wie lässt sich das Potential vorhandener Daten für AAL-Entwicklung und -Forschung einschätzen? Diese Frage zu beantworten hat auch gesellschaftliche Relevanz. Die Möglichkeit, mehr über die Nutzung von offenen Daten zu AAL-relevanten Aspekten zu erfahren, stärkt mittelbar insgesamt die Bemühungen und Zielsetzungen der AAL-Aktiven und ihre gesellschaftlich relevanten Absichten. Aufbauend auf den Ergebnissen solcher zukünftigen (Sekundär-)Analysen lassen sich Verbesserungen im Hinblick auf die Zielgruppe erwarten: Auswertungen des Mobilitätsverhalten können dazu führen, dass öffentliche Verkehrsangebote verbessert werden, indem sie an die Bedürfnisse älterer Menschen angepasst werden (und so die gesellschaftliche Teilhabe gefördert werden kann). Ebenso kann die Auswertung geografischer Daten dazu führen, dass medizinische oder andere Versorgungsstrukturen verbessert werden können, indem geografische Versorgungslücken identifiziert werden. Problematische Aspekte dieser Entwicklung, insbesondere wenn Big-Data-Entwicklungen angesprochen sind, können dabei Auswirkungen auf schutzwürdige Aspekte wie Datenschutz und Persönlichkeitssphäre berühren. Die unmittelbaren Projektergebnisse sind von dieser Herausforderung jedoch nicht betroffen; das Thema wird dabei zudem kritisch im Rahmen der Möglichkeiten adressiert.

1.3 Zielsetzung und Vorgehen der Studie im Überblick

Ziel der vorliegenden Studie ist das Potential der verfügbaren Daten (hier in einem weiten Sinne als „Open Data" bezeichnet) für die AAL-Community zu untersuchen, und dabei auch innovative Zugangsweisen zu explorieren. Teilziele sind dabei:

- das bestehende Angebot an frei verfügbaren Daten (aus Österreich bzw. relevanten internationalen Vergleichsregionen) systematisch zu identifizieren und kriterienbasiert zu beschreiben (Ergebnis: Bestandsaufnahme Teil 1);

- die Relevanz für AAL-Forschungszwecke und -themen basierend auf klassischen Auswerteverfahren zu analysieren (Ergebnis: Bestandsaufnahme Teil 2), und
- exemplarisch das Potential für neue AAL-Fragestellungen und Lösungen durch innovative Zugangsweisen, z. B. neu kombinierbare offene Datensätze unter Einbezug neuer und komplexer Auswertungsverfahren, aufzuzeigen (Ergebnis: Potentialanalyse).

Im Projekt werden dabei drei Zugänge gewählt: (a) eine Sammlung der aktuell verfügbaren Daten (u. a. Public Government Data und Open Data), (b) ihre Analyse im Hinblick u. a. AAL-relevanter Fragestellungen für die österreichische Community sowie (c) die kreativ-kritische Diskussion neuartiger Ansätze für die Kombination und/oder Analyse der Daten. Dabei wird methodisch u. a. auf Recherchen unterschiedlicher Art, systematische Sammlung und kriterienorientierte Analyse sowie auch die Validierung und den Transfer der Ergebnisse im Rahmen von Workshops mit Expertinnen und Experten in interdisziplinärer Zusammenstellung gesetzt.

Abbildung 3: Eindrücke vom 3. ODAAL-Workshop am 20. Jänner 2016

2 VERFÜGBARE DATEN UND UNTERSCHIEDLICHE PERSPEKTIVEN IM KONTEXT VON AAL

In diesem Kapitel wird ein allgemeiner Überblick über unterschiedliche Anbieter, Formen und Formate von verfügbaren Daten gegeben.

2.1 Unterschiedliche Formen der Verfügbarkeit von Daten

Daten werden auf unterschiedliche Weise zur Verfügung gestellt (s. Tabelle 1).

Form der Verfügbarkeit	Beschreibung
Kostenpflichtige Daten	Diese Daten werden nur gegen Bezahlung zugänglich gemacht (z. B. Statistiken, kostenpflichtige Datensätze).
Daten, die nur bestimmten Personengruppen (ggf. unter Auflage) zur Verfügung gestellt werden	Zum Beispiel werden Erhebungen, bei denen Rückschlüsse auf Personen theoretisch möglich sind, nur unter Auflagen an Wissenschaftler/innen übergeben (z. B. die Zeitbudgetdaten des Statistischen Bundesamts in Wiesbaden).
Frei zugängliche Daten, bei denen Nutzungsrechte jedoch eingeschränkt sind	Eine Reihe von Daten sind frei verfügbar im Netz, dürfen jedoch nicht für weitergehende Analysen genutzt werden, z. B. wird dies in den Nutzungsbedingungen von Social Media (z. B. Facebook) i.d.R. ausgeschlossen.
Frei zugängliche Daten, bei denen Nutzungsrechte unklar sind	Gerade bei Diskussionsforen oder Mailinglistenarchiven wird die Nutzung der Daten für wissenschaftliche Zwecke häufig nicht explizit ausgeschlossen.
Open Data	„Open Data" bezeichnet die Gesamtheit aller, der Allgemeinheit im Internet offen, d. h. offen lizenziert zur Verfügung gestellten Daten (vgl. Lucke & Geiger, 2010, S. 3). In der Regel wird dabei auf das Verständnis von „Open" der Open Knowledge Foundation (2006) hingewiesen.

Tabelle 1: Unterschiedliche Formen der Verfügbarkeit der Daten

Daten, die im Web schrankenlos zugänglich sind dürfen nicht ohne weiteres genutzt werden; auch nicht, wenn es sich dabei um wissenschaftliche Zwecke handelt. Damit Daten genutzt werden können, müssen sie (s. Open Data in Tabelle 1) mit offenen Lizenzen eindeutig zur entsprechenden Nutzung, inkl. Modifikation und Wiederveröffentlichung freigegeben sein. Zur Lizenzierung von Open Data kommen so häufig die Creative-Commons-Lizenzoptionen „CC BY" bzw. „CC BY-SA" oder auch das Äquivalent zur US-amerikanischen Public Domain (CC 0) zum Einsatz[4]. Exemplarische, nutzergenerierte Open-Data-Projekte sind u. a. die OpenStreetMap-Initiative (Haklay & Weber, 2008) und DBPedia (Bizer u. a., 2009).

---
[4] vgl. http://creativecommons.org/ (2016-03-23)

2.2 Verfügbare Daten nach dem Grad ihrer Aufbereitung bzw. Aggregation

Zunächst lassen sich die Daten danach unterscheiden, inwieweit sie bereits aufbereitet zur Verfügung gestellt werden. Hierzu erweiterten wir in Tabelle 2 eine Darstellung von Stockinger (2013, S. 30) und unterscheiden Rohdaten, strukturierte Daten und aggregierte Daten.

Gerade in den Open-Government-Verzeichnissen finden sich in der Regel strukturierte Daten (z. B. CSV-Daten; s. Köhler & Meir-Huber, 2014). Ob die Strukturierung der Daten selbsterklärend ist, ist dabei offen – semantisch eindeutige Bezeichnungen sind dazu z. B. notwendig und Informationen zur Datenerhebung hilfreich. Daneben gibt es auch eine Reihe von (schwerer auszuwertenden) unstrukturierten Daten, z. B. in Form von PDF- oder DOC-Dateien oder auch Bewertungen in Online-Portalen.

Grad der Aufbereitung	Erläuterung und Beispiele
Rohdaten	Eine Reihe von Daten liegen unstrukturiert vor. Dies können Daten sein, die in sehr großen Mengen auftreten (Big Data). Ein Beispiel dafür sind die Daten über das Verhalten von Nutzerinnen und Nutzern auf Webseiten.
Strukturierte Daten	Strukturierte Daten sind geordnet oder z. B. auch mit Metadaten versehen. Dazu gehören z. B. Tabellen oder auch Foto-Sammlungen.
Aggregierte Daten	Schließlich liegen Daten auch in aufbereiteter Form von (wissenschaflichen) Veröffentlichungen und Statistiken vor, z. B. der Ämter für Statistik, Studien und Berichte. Es gibt verfügbare Daten, die nicht unmittelbar vollständig zur Verfügung stehen, bei denen aber Auswertungen oder Einblicke in Teile der Daten möglich sind, z. B. eine Liste der Top-User/innen eines Dienstes.

Tabelle 2: Grad der Aufbereitung von Daten

2.3 Datenformate von verfügbaren Daten

Datenformate von verfügbaren Daten im Bereich von AAL sind u. a. geobasierte Daten (z. B. Shapefile, Keyhole Markup Language, Floating Car Data) oder Sensorendaten. Welche Datenformate es bei Open-Data-Angeboten allgemein gibt, zeigt Abbildung 4 (Köhler & Meir-Huber, 2014).

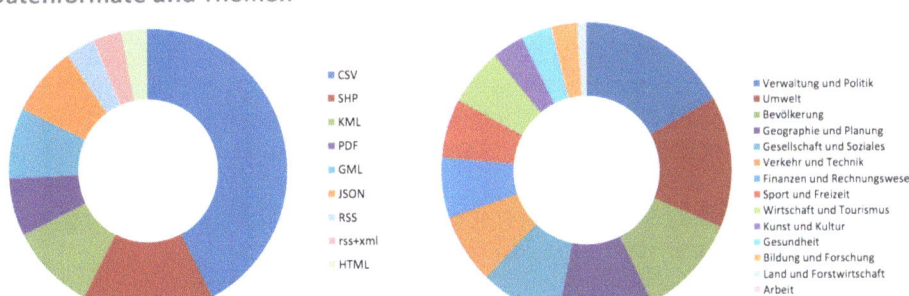

Abbildung 4: Übersicht der Datenformate und Kategorien bei data.gv.at.
Quelle: Köhler & Meir-Huber, 2014, Abb. 9, S. 71 sowie Abb. 8, S. 70

In der Abbildung 4 wird zudem rechts gezeigt, welchen Kategorien die Daten bei data.gv.at zugeordnet werden können. Es zeigt sich, dass Verwaltung und Politik sowie Umwelt und Bevölkerung die Kategorien sind, zu denen anteilig am meisten Open Government Data zugänglich sind.

2.4 Verfügbare Daten nach Umfang - der Sonderfall Big Data

Verfügbare Daten lassen sich auch danach unterscheiden, in welchem Umfang sie zur Verfügung gestellt werden. Hier gibt es kleinere Datenaufkommen, die problemlos mit einschlägigen Auswertungsverfahren und -werkzeugen analysiert werden können.

„Big Data" bezeichnet jedoch Daten, die in einer solch großen Zahl vorhanden sind bzw. anfallen, dass sie nicht mehr mit herkömmlichen Auswertungsverfahren zu analysieren sind. Zwar wird der Begriff z. B. auch für größere Datensätze verwendet, ist aber eigentlich für das Phänomen gedacht, dass es bei einigen Datenquellen ganz neuer Techniken bedarf, die ständig anwachsenden oder auch gar nicht mehr abspeicherbaren Datenfluten auszuwerten. Darunter fallen z. B. Mobilitätsdaten wie Floating-Car-Daten, Telefondaten, Kommunikations- und Interaktionsdaten.

Im Bereich der Gesundheit gibt es so eine Vielzahl von Daten, die zu Big Data gezählt werden. Nach Köhler und Meir-Huber (2014) reichen diese „von Versicherungen bis hin zu Patientendaten für eine bessere Behandlung und Symptomerkennung." (S. 74). Gerade wenn es sich um klinische Daten, d. h. also Patientendaten handelt, können diese in der Regel nicht „der Öffentlichkeit" zur Verfügung gestellt werden, da dies aus Perspektive der Persönlichkeitsrechte und Datenschutzbelange höchst kritisch ist. Für eine Vielzahl von Daten ist es nötig, entsprechende Vorkehrungen zu treffen, die sicherstellen, dass die Auswertungen nicht dem Persönlichkeits- und Datenschutzrecht widersprechen. Bei der Beschreibung des Projekts VHP Share („The Virtual Physiological Human, Sharing for Healthcare – A Research Environment"), das mit klinischen Daten arbeitet, wird so auf „rechtliche Anforderungen" hingewiesen: „unterschiedliche rechtliche Basis und Sicherheitsvorkehrungen für unterschiedliche Ressourcen; Umsetzung auf Basis strenger Privacy und Security Richtlinien; Komplexe verteilte Security Mechanismen" (Köhler & Meir-Huber, 2014, S. 108).

2.5 Anbieter/innen und Quellen verfügbarer Daten

Über das Internet und entsprechende Organisationen werden eine Reihe von Daten zur Verfügung gestellt, die für Analysen und Auswertungen genutzt werden können. Wir stellen zunächst die wichtigsten Anbieter/innen und die Art der von ihnen zur Verfügung gestellten Daten vor (s. Tabelle 3).

Anbieter/innen	Verfügbare Daten
Behörden	Behördliche Daten werden immer häufiger dezidiert offen verfügbar in Form von „Open Government Data" zur Verfügung gestellt. Hierunter fallen z. B. auch die Veröffentlichungen der Patentämter. „Open Government Data" (kurz OGD) sind offene Daten bzw. Datensätze, die von staatlichen Stellen bzw. Behörden zur Verfügung gestellt werden. Als eine treffende Übersetzung wird der Begriff „offene Verwaltungsdaten" gesehen (Lucke & Greiner, 2013, S. 6): Das sind „jene Datenbestände des öffentlichen Sektors, die von Staat und Verwaltung im Interesse der Allgemeinheit ohne jedwede Einschränkung zur freien Nutzung, zur Weiterverbreitung und zur freien Weiterverwendung frei zugänglich gemacht werden" (ebd., S. 6). Die Definition bezieht sich dabei auf zehn Prinzipien der Sunlight Foundation (2010), die auch im europäischen Raum als Kennzeichen für Open-Government-Handeln gelten. Neben den offen lizenzierten Daten werden weitere Informationen von Behörden zur Verfügung gestellt, die als „Public Sector Information" (kurz PSI) bezeichnet werden, darunter werden die Informationen des öffentlichen Sektors verstanden.
Bibliotheken	Daten über Buchbestände, Veröffentlichungen aller Art, auch Open-Access-Veröffentlichungen

Anbieter/innen	Verfügbare Daten
Forschungseinrichtungen und -verbände	Forschungsdatensätze und auch Publikationen werden z. T. gegen geringe Gebühren oder eingeschränkt (Akkreditierung notwendig) anderen Forscher/innen zur Sekundäranalyse überlassen, auch kostenfrei im Form der Open-Science bzw. Open-Data-Initiativen. Nationale und europäische Programme unterstützen die Grundsätze offener Daten (s. z. B. H2020 Guidelines).
Unternehmen	Unternehmen machen einige ihrer Daten zur Weiterverwendung als Service für Dritte (z. B. via APIs) zugänglich und verkaufen Datenbestände auch zu Marktforschungszwecke. Seltener werden Daten kostenfrei für Forschungszwecke überlassen.
Open-Content-Plattformen	Webplattformen wie die Wikipedia, OpenStreetMap und ähnliche Unternehmungen tragen Daten von Vielen zusammen, die wiederum offen lizenziert anderen überlassen werden.

Tabelle 3: Anbieter/innen von verfügbaren Daten

Es stehen zudem i.d.R. auch eigene Daten zur Verfügung, so fallen beispielsweise in den Unternehmen (oder auch Behörden) zunehmend Daten an, die prinzipiell verfügbar sind. Dabei gilt: „Die Datenarten (Variety) sind sehr differenziert und reichen von Verwaltungs-, Modellierungs- und Messdaten bis hin zu Betriebs-, Prozess- und Bilddaten (strukturiert, semistrukturiert sowie unstrukturiert). Die aktuell in den Unternehmen bereits vorhandenen Datenmengen (Volume) reichen von ein paar hundert GB über einige TB[5] bis hin zu vielen TB. Man kann sagen, dass durchschnittlich einige wenige TB an Daten in den Unternehmen gespeichert sind und täglich bzw. wöchentlich einige bis dutzende GB hinzukommen. Als Treiber für den Zuwachs an Daten werden Visualisierungen, Simulationsergebnisse bzw. Prozessdaten, Aufzeichnung von Sensordaten, Daten zum Zwecke der Nachverfolgbarkeit und Aufbewahrungspflichten, ERP-Systemdaten und die zunehmende Komplexität von Produkten und (technischen) Prozessen genannt." (Digital Networked Data, Verein für Innovation und Erforschung vernetzter digitaler Daten, 2015). In der folgenden Arbeit wird die Möglichkeit, eigene Daten zu nutzen jedoch nicht vertieft, der Fokus der Studie liegt auf (öffentlich) verfügbaren Daten.

2.6 Perspektiven auf die verfügbaren Daten im Bereich von AAL

Schon zum Start der Studie stellte sich die Frage, welche unterschiedlichen Interessen und Perspektiven es rund um verfügbare Daten im Bereich von AAL gibt. Diese sechs Perspektiven finden Sie im Überblick dargestellt in Abbildung 5. So sind insbesondere im Bereich der Marktforschung (besteht ein Bedürfnis/Markt

---

[5] TB steht hier für Terabyte, GB für Gigabyte

für meine Entwicklung?) und der Innovationsentwicklung (was wird benötigt?) ein Interesse an aktuellen, auch repräsentativen Daten. Verfügbare Daten können dann auch Basis für Datenservices im Bereich von AAL sein, z. B. Wetterdaten oder Stadtpläne. Auch in der Forschung zu AAL besteht das Interesse an verfügbaren Daten, z. B. auch um eigene Untersuchungsergebnisse zu vergleichen oder Daten zu erhalten, die sonst nicht zugänglich sind. Aus Perspektive der Endanwender/innen kann es attraktiv sein, wenn auf verfügbare Daten zurückgegriffen wird; gleichzeitig sind sie oft selbst diejenigen, von denen Daten erhoben werden. Aus Perspektive der Anbieter von Daten im Kontext von AAL spielen wiederum andere Überlegungen eine Rolle, z. B. wie damit eigene Services ergänzt oder verbessert werden können. Schließlich gilt es, insbesondere weil sich AAL mit schützenswerten und privaten Daten beschäftigt, der Gestaltung auf Ebene der Rahmenbedingungen besondere Bedeutung zu schenken.

Abbildung 5: Sechs Perspektiven auf die verfügbaren Daten im Bereich von AAL in Österreich

Für jede der im folgenden dargestellten Perspektiven ergeben sich aus der Nutzung und Auswertung von verfügbaren Daten durchaus verwandte, aber doch unterschiedliche Fragestellungen. Diese werden im Folgenden skizziert.

Sind unsere Daten hilfreich für andere? Ist es für uns von Interesse, Daten zur Verfügung zu stellen? Gibt es Szenarien der Nutzung, die nicht in unserem Interesse sind? Wie können wir die Nutzung der Daten ggf. forcieren?

Perspektive der Datenanbieter

Perspektive der Forschung im Kontext von AAL

Bieten uns verfügbare Daten besseren oder einfacheren Zugang zu Informationen? In welcher Qualität liegen sie vor? Welche Auswertungsmöglichkeiten bieten sich uns?

Perspektive der Policy Maker

Sollen wir die Bereitstellung und Nutzung von verfügbaren Daten forcieren? Welche Herausforderungen im AAL-Kontext gibt es, die wir beachten müssen?

Perspektive der Datennutzung in AAL-Services

Gibt es verfügbare Daten, die uns die Entwicklung von neuen Anwendungen mit großen Nutzungsmöglichkeiten erlauben? In welcher Weise erhält unser Service ein Alleinstellungsmerkmal?

Perspektive der Endanwender/innen

Hilft es uns im Alltag, wenn verfügbare Daten genutzt werden, oder laufen wir Gefahr, dass unsere eigenen Anforderungen an Privatsphäre und Datenarmut unterlaufen werden?

Perspektive der Marktforschung und Innovationsentwicklung im Bereich von AAL

Können wir mit verfügbaren Daten Informationen über Absatzmöglichkeiten für einen AAL-Service erhalten? Erfahren wir mehr über unsere Kunden? Welche Entwicklungen zeichnen sich ab?

Bei der Entwicklung von Geschäftsmodellen ist zu beachten: In dieser Arbeit steht nicht im Vordergrund, welche konkreten neuartigen Geschäftsideen oder Businessmodelle auf Grundlage der Daten möglich sind, sondern welche Möglichkeiten oder Herausforderungen es hier allgemein bei der Entwicklung von datenbasierten Services bzw. Geschäftsideen gibt, die unmittelbar auf den Daten aufbauen.

2.7 Anforderungen an Daten aus Perspektive der AAL-Community

Insbesondere bei der Entwicklung des Kriterienkatalogs wurden Anforderungen an verfügbare Daten, die von großem Wert für die AAL-Community sind, genannt. Zudem wurden diese auch im Kreativitätsworkshop von ODAAL häufiger angesprochen. Abschließend werden solche wünschenswerte – und für die Nutzung im Kontext von AAL auch oft notwendige – Eigenschaften der Datenquellen beschrieben. Beispielsweise ist so eine offene Lizenzierung hilfreich, damit die Nutzung verfügbarer Daten rechtlich abgesichert ist und keine rechtliche Unsicherheit herrscht bzw. eine Grauzone vorliegt. Die weiteren Aspekte beziehen sich v.a. auf die Besonderheiten der Zielgruppe und thematischen Interessen von AAL.

Die Überlegungen aus Tabelle 4 flossen in den Kriterienkatalog bei der Beschreibung des im folgenden dargestellten Status quo ein.

Relevante Aspekte	Beschreibung
Themen	Im 3. Workshop wurde betont, wie wichtig Daten zur Ausstattung und Einstellung gegenüber Technologien wären (dazu wurden keine Datenquellen gefunden). Darüberhinaus sind Daten zu AAL-Themen von Bedeutung (vgl. Tabelle 6, S. 28).
Datenherkunft und Qualität	Grundsätzlich sind Daten v.a. dann von hohem Interesse, wenn sie in hoher Qualität (im Bezug auf Korrektheit, Vollständigkeit) vorliegen und der Anbieter hier auch eine Vertrauensstellung inne hat. Entsprechende Metainformationen über die Datenerhebung und Datenstruktur sollten vorhanden sein.
Rechtliche Aspekte der Nutzung	Im besten Falle sollte eine explizite Nutzungserlaubnis vorliegen, die auch die kommerzielle Nutzung einschließt, z. B. in Form einer offenen CC-Lizenz. Darüberhinaus ist es notwendig, auch Informationen über den geltenden Rechtsraum zu erhalten, da es sich häufig um sensible Daten handelt und es im Einzelfall unterschiedliche Nutzungsmöglichkeiten gibt.
Anforderungen im Bezug auf die Zielgruppe 60+	Die AAL-Community ist besonders an den Daten bzw. der Möglichkeit des Datenvergleichs für ihre Zielgruppe interessiert, d. h. der Personen im Alter von 60 und mehr Jahren. Gerade ältere (65+) Personen werden in Datenerhebungen nicht berücksichtigt, spezifische Bedürfnislagen unterschiedlicher älterer Altersgruppen oder Bedürfnisse nicht erfasst (z. B. bei körperlichen Einschränkungen). Im besten Falle sollten zudem Kohortenvergleiche, Untergruppenvergleiche oder auch regionale Unterschiede für die Gruppe 60+ möglich sein.
Anforderungen im Bezug auf den österreichischen Kontext	Weil es im Bezug auf die Ausstattung und den Umgang mit Technologien im hohen Maße regionale Unterschiedlichkeiten gibt, ist es von großem Interesse Daten zu erhalten, die eine Auswertung für Österreich zulassen.

Tabelle 4: Anforderungen an verfügbare Daten aus Perspektive der AAL-Community

3 VERFÜGBARE DATEN MIT RELEVANZ FÜR DIE ÖSTERREICHISCHE AAL-COMMUNITY

Welche für die österreichische AAL-Community interessanten Daten es eigentlich gibt, wird in diesem Kapitel vorgestellt. Wir verfolgen dabei das Ziel, einen Überblick über alle verfügbaren Daten mit AAL-Relevanz zu erhalten, die für (Sekundär-)Analysen genutzt werden können. Das zentrale Ergebnis ist dabei eine Bestandsaufnahme aller potentiell relevanten verfügbaren Daten in Form eines Katalogs.

3.1 Vorgehen bei der Sammlung und Auswahl der Daten

Es ist nicht trivial zu bestimmen, welche und ob verfügbare Daten für AAL von Interesse sein können bzw. welche Daten zur Verfügung stehen. Bei der Sammlung und Auswahl sind wir dabei folgendermaßen vorgegangen:

– Es wurden Hinweise aus der österreichischen und deutschen AAL-Literatur auf verfügbare Daten aufgegriffen, soweit sie durch die tradierten Suchverfahren erfassbar sind.
– Veröffentlichungen und Sammlungen der österreichischen Open-Data-Initiativen wurden systematisch durchsucht. Darüber wurden auch OGD aus Deutschland mit einbezogen, den aktuellen Stand und die Strukturen der Daten beschreibt Kubicek (2015). Zudem wurde gezielt nach Plattformen gesucht die Überblicke über aktuelle Entwicklungen bieten, z. B. forschungsdaten.org zu Projekten rund um den Umgang mit Forschungsdaten. Wertvoll war insbesondere auch die annotierte Bibliographie „Österreichische Forschungsdaten zu Altersfragen (Bibliographie)" (Kolland u. a., 2011) sowie die Sammlungen vom Open Access Directory[6].
– Bei allen ODAAL-Workshops sowie im ODAAL-Blog wurden die Expertinnen und Experten darum gebeten, Vorschläge für den Katalog zu machen bzw. auf fehlende Quellen hinzuweisen.
– Es wurden v.a. solche Daten aufgenommen, die thematisch mit hoher Wahrscheinlichkeit eine Relevanz für die AAL-Community haben und aktuell sind (nicht älter als 5 Jahre).
– Zudem wurden auch exemplarisch ungewöhnliche Datenquellen aufgenommen, die möglicherweise für AAL von Interesse sein könnten, dies aber ggf. weiter exploriert werden muss.
– Es wurden jeweils solche Daten bzw. Sammlungen als eine Ressource erfasst, die hinter *einer* URL liegen. Dies bedeutet, dass die einzelnen im Katalog erfassten Datenquellen sehr unterschiedlich sein können; von Repositorien bis zu einzelnen Datensätzen ist unterschiedliches enthalten.

---
[6] z. B. die Sammlung http://oad.simmons.edu/oadwiki/Disciplinary_repositories (2016-01-02)

– Ein Ausschlusskriterium für die Aufnahme im ODAAL-Katalog ist ein dezidierter Ausschluss der Nutzung der Daten in den AGB wie z. B. bei Facebook.

Das hier vorgestellten Vorgehen wurde im Rahmen des ersten ODAAL-Workshops mit internen und externen Expertinnen und Experten am 13. Oktober 2015 diskutiert und überarbeitet.

3.2 Vorgehen bei der Beschreibung und Erfassung der Daten

Um eine systematische und hilfreiche Beschreibung der verfügbaren Daten zu erlauben, musste ein Kriterienkatalog entwickelt werden. Dazu erstellten die Studienautorinnen einen Entwurf, der im zweiten ODAAL-Workshop am 10.11.15 diskutiert und angepasst wurde. Im nächsten Schritt wurden die Optionen der einzelnen Kriterien an vorhandene Metadaten(-beschreibungen) angepasst, damit der ODAAL-Katalog ggf. auch an existierende andere Sammlungen angebunden werden kann. Um eine größtmögliche Anpassung an weitere Datenbestände zu ermöglichen, wurden beim Kriterienkatalog dazu Übernahmen und Anpassungen der OGD Metadaten 2.3. der Arbeitsgruppe Metadaten der Cooperation OGD Österreich (2015) sowie der TAALXONOMY Classification (2014) vorgenommen. Dazu wurden auch entsprechende Nutzungserlaubnisse eingeholt, insbesondere im Hinblick auf die Zurverfügungstellung des Katalogs unter einer offenen Lizenz. Eine ausführliche Beschreibung dazu wurde online zur Verfügung gestellt[7]. Der finale Kriterienkatalog wird im Anhang vorgestellt (s. S. 100ff).

Mithilfe des (halb-)standardisierten Kriterienkatalogs wurden die wesentlichen und wichtigsten Informationen zu den Datensätzen und eine erste Einschätzung zur Relevanz und Güte der Daten getroffen und erfasst.

3.3 Der ODAAL-Katalog

Durch die vielen Mehrfachauswahlen scheint es schwierig, die Informationen des Katalogs hierarchisch strukturiert darzustellen bzw. scheinen mehre Indexe notwendig. Um die Zugänglichkeit der Ergebnisse zu gewährleisten ist eine Online-Veröffentlichung sinnvoll. Früh haben wir uns daher entschieden, den Katalog als Online-Datenbank zu realisieren, über die entsprechende Abfragen möglich sind.

Der Katalog ist online zugänglich unter: http://odaal.salzburgresearch.at/aal_oesterreich/ (vgl. Abbildung 6).

---

[7] Die entsprechenden Ausführungen stehen zur Verfügung unter: http://odaal.salzburgresearch.at/wp-content/uploads/kriterienkatalog_final.pdf (1.2.16)

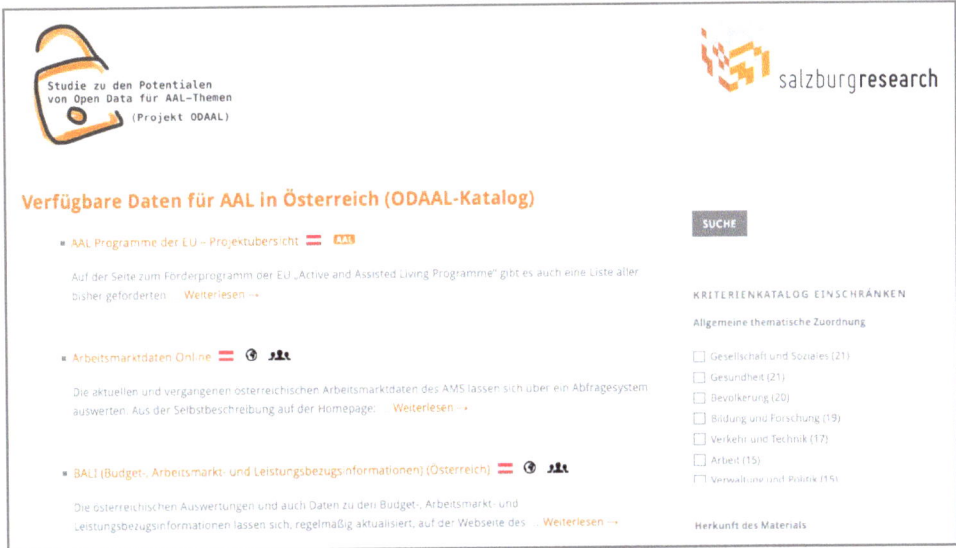

Abbildung 6: Screenshot des ODAAL-Katalogs verfügbarer Daten für AAL in Österreich

Bei der Darstellung der Datensätze werden auf einem Blick wichtige Eigenschaften durch kleine Icons kenntlich gemacht.

- Die Daten sind (z. T.) offen lizenziert (Open Data).
- Die Daten beziehen sich auf Österreich oder lassen Auswertungen für Österreich zu.
- Die Daten wurden in AAL-Projekten erhoben bzw. zur Verfügung gestellt.
- Die Daten enthalten Angaben zu Orten und könnten ggf. darüber mit anderen Daten verknüpft werden.
- Die Daten enthalten Angaben zu Personengruppen und könnten ggf. darüber mit anderen Daten verknüpft werden.

Zudem ermöglicht das eingesetzte System, Suchanfragen an die Datenbank über Freitext sowie nach allen verfügbaren Kriterien (rechts am Bildschirmrand).

3.4 Die beschriebenen Datenquellen

Im Folgenden werden alle beschriebenen Datenquellen aufgezählt, die im ODAAL-Katalog erfasst sind. In der folgenden Liste werden dabei die gleichen Icons abgebildet, die auch im Katalog verwendet werden. Insgesamt wurden 40 Datenquellen beschrieben.

- AAL Programme der EU – Projektübersicht 🇦🇹 AAL
- Arbeitsmarktdaten Online 🇦🇹 🌐 👥
- BALI (Budget-, Arbeitsmarkt- und Leistungsbezugsinformationen) (Österreich) 🇦🇹 🌐 👥
- basemap.at – Verwaltungsgrundlandkarte von Österreich 🔓 🇦🇹 🌐
- bifie – Bildungsforschung, Innovation & Entwicklung des österreichischen Schulwesens 🇦🇹
- Destatis
- Deutsches Zentrum für Altersfragen (DZA) 👥 AAL
- Eurobarometer (Standard) 🇦🇹
- European Social Survey (Europäische Sozialstudie) 🇦🇹
- European Value Study 🇦🇹
- Eurostat 🔓 🇦🇹 🌐
- Fotodatenbank FlickR.com 🔓
- Geoland 🔓 🇦🇹 🌐
- GESIS – Leibniz Institut für Sozialwissenschaften 🇦🇹
- Google Trends 🇦🇹 🌐
- Graphenintegrations-Plattform GIP 🔓 🇦🇹 🌐
- Initiative offene Daten Österreichs 🔓 🇦🇹 🌐 👥
- International Social Survey Programme (ISSP) 🇦🇹
- Medicalreport.at 🇦🇹 🌐
- OECD – Organisation for Economic Co-operation and Development 🇦🇹 🌐 👥
- OffeneDaten.de 🔓 🌐
- Offenes Datenportal der Europäischen Union 🇦🇹
- ÖGIS – Das Österreichische Gesundheitsinformationssystem 🇦🇹 🌐
- Open Data Portal Österreich 🔓 🇦🇹 👥
- Open Government Data Salzburg 🔓 🇦🇹 🌐 👥
- Open Government Data Wien 🔓 🇦🇹 🌐 👥
- OpenStreetMap – Offene Geodaten (Österreich) 🔓 🇦🇹 🌐
- open3.at 🔓 🇦🇹
- Österreichische Forschungsdaten zu Altersfragen (Bibliographie) 🇦🇹
- Österreichisches Gesundheitsinformationssystem (ÖGIS) 🇦🇹 🌐 👥 AAL
- Österreichisches Patentamt: Patent- und Gebrauchsmusterschriften 🇦🇹
- PublicData.eu 🔓 🇦🇹 🌐 👥
- Seniorkom.at 🇦🇹
- SHARE-Datensatz 🇦🇹 🌐 👥 AAL
- Spitalskompass.at 🇦🇹 🌐

- STATCube – Statistik Austria ≡ ⊕ 👥
- VAO – Verkehrsauskunft Österreich ≡ ⊕
- ViennaGIS ∂ ≡ ⊕
- Wiener Linien ∂ ≡ ⊕ 👥
- YouTube Trends Dashboard ≡ 👥

3.5 Übersicht über verfügbare Daten mit Hinblick auf Themen

Im Bezug auf die allgemeinen Themen, gehören die meisten Datenquellen des ODAAL-Katalogs der Kategorie „Gesellschaft und Soziales" (21) sowie „Gesundheit" (21) an, gefolgt wird dies von den Kategorien Bevölkerung (20), Bildung und Forschung (19) sowie Verkehr und Technik (19, vgl. Tabelle 5).

Allgemeine thematische Zuordnung	Absolute Häufigkeit (Mehrfachnennung möglich)
Arbeit	15
Bevölkerung	20
Bildung und Forschung	19
Finanzen und Rechnungswesen	12
Geografie und Planung	12
Gesellschaft und Soziales	21
Gesundheit	21
Kunst und Kultur	11
Land- und Forschungswirtschaft	12
Sport und Freizeit	13
Umwelt	14
Verkehr und Technik	17
Verwaltung und Politik	15
Wirtschaft und Tourismus	11
Sonstiges	11

Tabelle 5: Allgemeine thematische Zuordnung der im ODAAL-Katalog beschriebenen Datenquellen

Betrachtet man die Themen aus Sicht von AAL zeigt sich, dass die meisten Datenquellen dem Gebiet von Gesundheit und Pflege (18) bzw. Mobilität und Transport (16) zugeordnet werden können. Zu spannenden und besonders relevante Themen für AAL, nämlich z. B. zur Ausstattung mit, zur Nutzung von und zu Einstellungen zur Technologie von Personen oder Einrichtungen, konnten keine Datenquellen gefunden werden (vgl. Tabelle 6).

Adressierte AAL-Themen	Absolute Häufigkeit (Mehrfachnennung möglich)
Gesundheit und Pflege	18
Wohnen und Gebäude	12
Sicherheit und Schutz	3
Mobilität und Transport	16
Arbeit und Schulung	5
Vitalität und Fähigkeiten	5
Freizeit und Kultur	11
Information und Kommunikation	3
Ausstattung, Nutzung und Einstellungen zu Technologien von Personen oder Einrichtungen	-
Daten zur Bevölkerungsstruktur im Bezug auf Alter	14
Sonstiges	9

Tabelle 6: Adressierte AAL-Themen der im ODAAL-Katalog beschriebenen Datenquellen

Für den ODAAL-Katalog wurden bevorzugt Datenquellen gesammelt, die für Österreich oder Teile Österreichs Daten enthalten; tatsächlich erfüllen 36 Datenquellen dieses Kriterium (vgl. Tabelle 7).

Geografischer Bezug	Absolute Häufigkeit (Mehrfachnennung möglich)
Für Österreich oder Teile Österreichs	36
Für Deutschland	17
Für Schweiz	7
Für Deutschsprechende (international)	4
Für Skandinavien (Schweden, Norwegen und Dänemark)	13
Sonstiges	12

Tabelle 7: Geografischer Bezug der im ODAAL-Katalog beschriebenen Datenquellen

Für die österreichische AAL-Community liegen nur sehr wenige (4) Daten vor, die explizit in einem AAL-Projekt oder unter einer AAL-Fragestellung entstanden sind (vgl. Tabelle 8). Dabei handelt es sich um:

- AAL Programme der EU – Projektübersicht 🇦🇹 AAL
- Deutsches Zentrum für Altersfragen (DZA) 👥 AAL
- Österreichisches Gesundheitsinformationssystem (ÖGIS) 🇦🇹 🌐 👥 AAL
- SHARE-Datensatz 🇦🇹 🌐 👥 AAL

Alle vier Quellen sind relativ bekannte Datenquellen, die Recherchen haben hier also keine Überraschungen ergeben oder „Kleinode" von AAL-Projekten entdeckt.

AAL-Bezug (Allgemein)	Absolute Häufigkeit (Mehrfachnennung möglich)
Die Daten wurden im Rahmen von AAL-Projekten/-Fragestellungen erfasst	4
Die Daten wurden in anderen oder allgemeineren Kontexten erfasst	36
k.A.	1

Tabelle 8: AAL-Bezug (Allgemein) der im ODAAL-Katalog beschriebenen Datenquellen

3.6 Nutzbarkeit im Hinblick auf unterschiedliche Eigenschaften der Daten

Am häufigsten sind bei der Herkunft der Materialien die Datenquellen im ODAAL-Katalog den „Daten der Statistik-Ämter und Behörden" (20) zugeordnet. Es werden aber auch u. U. relevante Daten als Forschungsdatensätze (13), von Unternehmen (7) bzw. nutzergenerierte Daten (7) aufgenommen, die von AAL-Interesse sein könnten (vgl. Tabelle 9).

Herkunft des Materials	Absolute Häufigkeit (Mehrfachnennung möglich)
Forschungsdatensätze	13
Daten der Statistik-Ämter und Behörden	20
Daten von Unternehmen	8
Nutzergenerierte Daten	7
Sonstiges	7

Tabelle 9: Herkunft des Materials der im ODAAL-Katalog beschriebenen Datenquellen

Viele der Datenquellen scheinen als Vollerhebung (13) oder möglicherweise repräsentative Erhebung (17) angelegt zu sein, oft ist diese Angabe jedoch gar nicht zu treffen (11; vgl. Tabelle 10).

Datenerhebung	Absolute Häufigkeit (Mehrfachnennung möglich)
Vollerhebung	13
(möglicherweise) repräsentativ	17
Keine Angabe	11

Tabelle 10: Datenerhebung der im ODAAL-Katalog beschriebenen Datenquellen

Die meisten der ODAAL-Datenquellen sind Sammlungen, also Repositorien (22) oder Referatorien (4) von Daten, nur 8 Datenquellen sind einzelne Datensätze bzw. Sammlungen von Daten (vgl. Tabelle 11).

Datenaufbereitung und -umfang	Absolute Häufigkeit (Mehrfachnennung möglich)
Einzelner Datensatz bzw. Sammlung von strukturierte Daten	8
Sammlung (Repository) von mehreren Datensätzen	22
Linksammlung (Referatory) zu mehreren Datensätzen bzw. Daten	4
(halb)strukturierte Daten bzw. Rohdaten	4
sonstiges	9

Tabelle 11: Datenaufbereitung und -umfang der im ODAAL-Katalog beschriebenen Datenquellen

Die aufgenommenen Datensätze werden i.d.R. aktualisiert (vgl. Tabelle 12), es wurde kein Datensatz aufgenommen, bei dem deutlich war, dass er nicht mehr aktualisiert wird.

Aktualisierung der Daten	Absolute Häufigkeit (Mehrfachnennung möglich)
Die Daten werden in sehr kurzen Abständen aktualisiert (max. eine Woche)	11
Die Daten werden regelmäßig aktualisiert (in Abständen die größer als eine Woche sind und kürzer als ein Jahr)	18
Es sind (unregelmäßig) Aktualisierungen der Datensätze zu erwarten	17
Aktualisierungen der Datensätze sind nicht zu erwarten	-
k.A./sonstiges	7

Tabelle 12: Aktualisierung der Daten der im ODAAL-Katalog beschriebenen Datenquellen

Wie in Tabelle 13 dargestellt, gibt es bei mehr als der Hälfte der Datenquellen Angaben darüber, wie die Daten strukturiert sind. Umgekehrt fehlen aber bei der Hälfte Angaben darüber, wie die Daten genau erhoben wurden.

Metainformationen zu den Daten	Absolute Häufigkeit (Mehrfachnennung möglich)
Es gibt Materialien dazu, die Auskunft darüber geben, auf welche Weise die Daten erhoben wurden	19
Es gibt Informationen darüber, wie die Daten strukturiert sind (Metadaten)	26
(Ausführliche) Metainformationen zu den Daten liegen nicht vor.	5
Keine Angabe möglich	6

Tabelle 13: Metainformationen zu den Daten der im ODAAL-Katalog beschriebenen Datenquellen

Häufig liegen die Daten in Tabellen vor – aber mit 23 Datenquellen ist die Wahrscheinlichkeit, auch andere Formate vorzufinden groß. 18 Datenquellen werden als GIS-Daten angeboten, 10 werden dem Format Multimedia zugeordnet (Tabelle 14).

Format der Daten	Absolute Häufigkeit (Mehrfachnennung möglich)
Tabellen (xml, csv, xls, ods,...)	23
GIS (kmz, ...)	18
Bild und Ton (Multimedia (jpg, mp4, mp3, ogg, ...)	10
sonstige	17

Tabelle 14: Format der Daten der im ODAAL-Katalog beschriebenen Datenquellen

Bei rund der Hälfte der Daten gibt es Evidenzen dafür, dass die Daten bereits von Dritten genutzt wurden (vgl. Tabelle 15).

Nutzung der Daten durch Dritte	Absolute Häufigkeit
Die Daten wurden anscheinend bereits durch Dritte genutzt	20
Keine Angabe möglich	20

Tabelle 15: Nutzung der Daten durch Dritte der im ODAAL-Katalog beschriebenen Datenquellen

15 Datenquellen werden Open Data bzw. Open Government Data zugeordnet. Nur hier gibt es mit den offenen Lizenzen klare Nutzungserlaubnisse, denn bei den meisten Datenquellen scheint die Nutzung dann doch eher in einem Graubereich

stattzufinden, der nicht von vorneherein explizit ausgeschlossen wird (z. B. in den AGB; vgl. Tabelle 16).

Nutzungsmöglichkeiten und Lizenzierung der Daten	Absolute Häufigkeit (Mehrfachnennung)
Lizenzierung (z. B. mit CC BY SA) der Materialien v.a. mit offenen Lizenzen (also Open Data, OGD)	15
Die kostenfreie Nutzung ist (eingeschränkt) erlaubt	16
Die kostenfreie Nutzung ist nicht explizit erlaubt, jedoch auch nicht explizit verboten [Graubereich]	6
Die Nutzung ist mit Kosten verbunden.	6
Die Nutzung ist nur für wissenschaftliche Zwecke erlaubt	3
Es gibt sonstige Auflagen für eine Nutzung	12
Auswertungen der Datenbestände, aber kein Zugriff auf die eigentlichen Daten	6

Tabelle 16: Nutzungsmöglichkeiten und Lizenzierung der Daten

Im Rahmen des zweiten ODAAL-Workshop wurde darauf hingewiesen, dass es bei der Nutzung wichtig ist, zuverlässig zu wissen, welcher Rechtsraum für die Datennutzung gilt. Tatsächlich war diese Recherche schwierig – im Rahmen der Recherchen mussten bei 28 Datenquellen „unbekannt" eingetragen werden (vgl. Tabelle 17).

Rechtsraum für die Datennutzung	Absolute Häufigkeit (Mehrfachnennung möglich)
Österreich	9
Deutschland	-
anderer	2
unbekannt	28

Tabelle 17: Nutzungsmöglichkeiten und Lizenzierung der Daten

Am häufigsten scheint eine Verknüpfung der Datensätze über Geodaten denkbar zu sein (23; vgl. Tabelle 18).

Verknüpfbarkeit der Daten	Absolute Häufigkeit (Mehrfachnennung möglich)
Über Geodaten denkbar	23
Über Personengruppen/-daten denkbar	14
Mithilfe von Ontologien/Taxonomie denkbar	12
Sonstiges/anderes	8

Tabelle 18: Verknüpfbarkeit der Daten

3.7 Verfügbare Daten, die nicht im Katalog erfasst wurden

Im ODAAL-Katalog können nicht alle Daten erfasst und beschrieben werden, die möglicherweise für österreichische AAL-Projekte von Interesse sind. Wir haben so z. B. nicht alle OGD-Angebote aufgenommen; so fehlt zum Beispiel eine Beschreibung des Angebots der Stadt Linz.

Zukünftig könnten auch einige der spezielleren europäischen Angebote ergänzt werden, die einen internationalen Vergleich von Daten, beispielsweise zum Arbeitsmarkt oder der Sozialstatistik, ermöglichen.

Es könnten zudem auch Webseiten von Verbänden und Communities rund um AAL ergänzt werden, z. B. Aaloa.org, die österreichische AAL-Community AAL.at oder IntelligentesWohnen.at. Hier finden sich nur im kleineren Umfang Informationen, z. B. über Mitglieder der Initiativen oder kleinere Projektsammlungen.

Auch haben wir auch auf eine Erfassung verzichtet, wenn die Daten derzeit noch unzureichend oder nicht mehr aktuell erscheinen, wie z. B. bei dem Portal http://www.krankenhausbewertung.at oder Angebote, die interessante, aber doch überschaubare Informationen für Seniorinnen sammeln, z. B. http://www.-senioren-angebote.at.

Schließlich konnten einzelne Angebote nicht aufgenommen werden, weil sie nicht mehr auffindbar sind, so z. B. die E-Health@Home Landkarte des Institut Arbeit und Technik (URL ehemals: http://www.iat.eu/ehealth/).

Tatsächlich gibt es sogar noch weitaus mehr Daten, die potentiell verfügbar sind, die jedoch evtl. nicht ohne weiteres zur Verfügung stehen. Im Web und insbesondere da, wo sich Personen eng austauschen und zusammenarbeiten, nämlich in Communitys oder sozialen Netzwerken, entstehen besonders viele (Meta-)Informationen. Diese können wiederum durch unterschiedliche Methoden ausgetauscht, zusammengebracht und analysiert werden. In geschlossenen Systemen, bei denen beispielsweise eine Anmeldung erfolgt, ist so bereits eine Reihe von Informationen zu den einzelnen Nutzerinnen und Nutzern bekannt.

So generieren Nutzer/innen im Internet zahlreiche unterschiedliche Texte, Daten und auch Metainformationen (Schaffert u. a., 2009). Solche Metainformationen sind beispielsweise die Zahl der Beiträge einer Nutzerin oder die Zahl der Klicks auf einen Beitrag, das Browsing- und Nutzungsverhalten von User/innen. Natürlich kann man als interessierte/r AAL-Akteur/in nicht jegliche Nutzungsinformationen auslesen, es bedarf also eines gewissen Aufwands die (eingeschränkten) Möglichkeiten anzuwenden, z. B. durch Cookie-Technologie auf den eigenen Webseiten. Zwar sind die Daten „vorhanden", tatsächlich ist aber dennoch erst eine Datenerhebung und -auswertung notwendig.

Noch einen Schritt weiter gehen Anwendungen, die dafür entwickelt wurden, um gezielt Informationen über die Aktivitäten und Interessen der Nutzer/innen systematisch zu sammeln. Ein Beispiel dafür sind Produktbewertungen der Online-Händler. So findet man bei Idealo.de und Billiger.de nur Produkte von Händlern, die für diesen Service zahlen; bei Dealjäger dagegen können Nutzer/innen selbst Produkte einstellen (vgl. Randler, 2009). Der Otto-Konzern hat mit Smatch.com eine Bewertungsplattform mit Community-Feature, bei der nur spezifische Produkte aus seinem Angebot vorgestellt werden (Mode-, Möbel-, Lifestyletrends; vgl. Groß, 2008).

4 UNTERSCHIEDLICHE VERFAHREN DER AUSWERTUNG VON VERFÜGBAREN DATEN

Im Folgenden werden Möglichkeiten und Erfahrungen mit unterschiedlichen Verfahren der Datenanalyse vorgestellt. Hierbei sollen auch die Möglichkeiten der Kombination von Daten und der Einsatz von neuen Methoden allgemein aufgezeigt und bewertet werden.

4.1 Überblick und Vorgehensweise bei der Recherche und Darstellung

Mithilfe einer Literatur- und Projektrecherche wird in diesem Teil der Studie eine Übersicht über unterschiedliche Verfahren der Datenanalyse gegeben, die sich zum Teil auch überschneiden. Im Einzelnen sind dies die staistischen Verfahren, Verfahren des Webmonitoring und der Information Extraction, qualitative Zugänge der Text- und Bildanalysen, sie soziale Netzwerkanalyse, Verfahren der künstlichen Intelligenz, Data Mining, Mash-Ups und Verknüpfung von Daten und Datensätzen, Auswertung von Floating/Big Data, Visualisieren und interaktive Darstellungen sowie (integrierte) Auswertungstools auf Webplattformen.

Soweit möglich, werden dabei für jedes Auswertungsverfahren jeweils Projekte eruiert und beschrieben, die im Bereich von AAL solche Zugangsweisen gewählt haben. Alternativ werden Vorhaben aus anderen Anwendungsfeldern beschrieben. Für jede dargestellte Auswertungsmethode bzw. für jeden Zugang der Auswertung werden jeweils abschließend Tabellen mit Chancen und Herausforderungen erstellt, die bei entsprechenden Projektvorhaben bei der Methodenentscheidungen unterstützen können.

4.2 Aufbereitung von verfügbaren Daten

Oft können verfügbare Daten in der Form, wie sie zur Verfügung gestellt werden, nicht unmittelbar genutzt oder ausgewertet werden. Der sog. „ETL-Prozess" beschreibt, wie man zu regulären Ausdrücken kommt. Der Prozess besteht dabei aus folgenden Phasen der (a) **E**xtraktion, bei der die relevanten Daten aus verschiedenen Quellen ausgewählt und herausgelöst werden (z. B. durch CSV-Export), der (b) **T**ransformation, bei der die Daten in das Format der Zieldatenbank übertragen werden (z. B. in eine Excel-Tabelle) damit dann dort das (c) **L**aden der Daten möglich ist (vgl. Wikipedia, 2016, Eintrag „ETL-Prozess).

Für die Aufbereitung von verfügbaren Daten stehen weitere Anwendungen zur Verfügung, beispielsweise „OpenRefine", das sich selbst folgendermaßen beschreibt: OpenRefine ist ein mächtiges Werkzeug um mit chaotischen Daten umzugehen: sie zu reinigen, sie von einem Format in ein anderes zu übertragen und sie mit Web Services und externen Daten anzureichern[8]. So können z. B. mit OpenRefine Straßenadressen umgewandelt werden in Längen-/Breitengrad-Koordinaten.

In einem Vortrag beim IT Business Talk hat Andreas Woditschka, der Co-Founder und CEO von „eversport" präsentiert, wie die Datengrundlage von eversportmithilfe von Open Data und der entsprechenden Aufbereitung nach dem ETL-Prozess entwickelt wurde[9]. Eversport ist ein Online-Marktplatz, bei dem z. B. Tennisplätze gesucht und gebucht werden können. Die Grundlage dafür bildete Open Data zur Lage der Sportstätten.

Manchmal werden auch gar keine besonderen Auswertungen vorgenommen, sondern verfügbare Daten als Grundlage für eigene weitere Erhebungen verwendet, beispielsweise die Angaben zu Krankenhäusern im Spitalskompass.at (z. B. verwendet in Jagsch, Kainz & Klug, 2015, für weitere Erhebungen).

4.3 Verfahren der statistischen Analyse

Mit deskriptiven Verfahren versucht die Statistik, Besonderheiten von Datensätzen zusammenfassend zu beschreiben und zu verdichten. Kennzahlen, die dabei berechnet werden sind zum Beispiel das arithmetische Mittel oder die Standardabweichung.

Wenn versucht wird, von den Daten einer Stichprobe auf eine Grundgesamtheit Rückschlüsse zu ziehen, kommt die sogenannte induktive bzw. Inferenz-Statistik zum Einsatz. Mit Verfahren wie dem t-test können z. B. Einschätzungen vorgenommen werden, mit welcher Wahrscheinlichkeit Unterschiede in zwei Stichproben zufällig sind bzw. sie den entsprechenden Grundgesamtheiten entsprechen. Die Verfahren der Inferenzstatistik setzen dabei voraus, dass die entsprechenden Hypothesen vor der Datenerhebung aufgestellt werden. Wenn man Datensätze auf alle möglichen Unterschiede und Besonderheiten hin untersucht, wird man eben auch immer zufällig signifikante Ergebnisse erhalten. Es ist folglich nicht zulässig, dass z. B. Unterschiede von Gruppen bei verfügbaren Daten mithilfe von Signifikanztests geprüft werden.

Werden Verfahren der Inferenzstatistik bei verfügbaren Daten eingesetzt, dürfen diese aus methodologischen Gründen nur für sogenannte explorative, d. h. Erkundende, Analysen verwendet werden. Die Berechnung von Signifikanzen, d. h. der Aussagekraft von Ergebnissen der Stichprobe, hat dann nur einen heuristischen Wert, z. B. bei der Entwicklung von neuen Theorien und Erklärungen. Explorative Verfahren werden dafür eingesetzt, unbekannte Besonderheiten oder Strukturen zu entdecken.

---

[8] Vgl. Homepage: http://openrefine.org/ (2016-01-05).
[9] Vortrag von Andreas Woditschka am 19.10.15, vgl. URL: http://www.it-businesstalk.at/wp-content/uploads/2015_Eversport.pptx (2015-10-15)

Statistische Auswertungen sind im Bereich von AAL-Forschungsarbeiten wohl die Regel (u. a. z. B. in der Dissertation von Steinke, 2015). Statistische Auswertungen sind dabei vermutlich auch der Regelfall bei der Nutzung von verfügbaren Daten; auch im Kontext von AAL-Projekten. Gerade unter dem Stichwort der Sekundär-Analyse oder auch bei Meta-Analysen werden verfügbare Daten erneut mit statistischen Verfahren ausgewertet. Auch aus dem Bereich von AAL liegen Beispiele vor (Clark, 2007; Shepperd u. a. 2009). Aus dem weiteren Umfeld stammen z. B. Meta-Analysen zur Technologie-Akzeptanz (Ma & Liu, 2004; King & He, 2006) oder zu sozial-psychologischen Fragestellungen (Pinquart & Sorensen, 2001). In Österreich wurden existierende Daten der Gesundheit Österreich GmbH „testweise für die Analyse von Zusammenhängen zwischen den jährlichen Leistungsmengen und der Ergebnisqualität (gemessen am Anteil der postoperativ noch im Spital verstorbenen Patienten/-innen) verwendet" (Fülöp, 2009, 108).

Chancen und Herausforderungen bei der Auswertung von verfügbaren Daten im Bereich von AAL mithilfe von statistischen Verfahren finden sich in Tabelle 19.

Chancen	Herausforderungen
− Kostenersparnis bei der Erhebung und Erfassung der Daten	− Fehlende Daten oder falsche Daten − Fehlende Metainformationen zu den Daten − Interpretationsfehler − Sollen inferenzstatistische Aussagen getroffen werden, ist eine eigene Datenerhebung notwendig. − Aufwand und Hürden bei der Aufbereitung der Daten

Tabelle 19: Chancen und Herausforderungen der statistischen Auswertung der verfügbaren Daten für AAL

4.4 Verfahren des Webmonitoring und der Informationsextraktion

Bei der Auswertung von verfügbaren Daten kommen auch Werkzeuge und Verfahren zum Einsatz, bei denen die Nachrichten und Meldungen des Social Webs (also der Blogosphere, der sozialen Netzwerke und Nachrichtendienste), automatisch im Hinblick auf bestimmte Begriffe analysiert werden. Werkzeuge, die hier zeitnah in den dynamischen Foren und Services Daten auswerten und monitoren, werden dem Bereich des „Webmonitoring" zugeordnet. Typischerweise werden die Werkzeuge im Bereich des Social Media Marketing bzw. dem Brand Reputation Management eingesetzt.

Ein Beispiel dafür für welche Zwecke Texte, die in Communitys und Netzwerken entstehen und ausgewertet werden, ist die Analyse von „Hot Topics": Die Inhalte der Weblogs sind für viele interessant und werden beispielsweise nicht nur im Rahmen non-reaktiver sozialwissenschaftlicher Untersuchungen analysiert, sondern sind auch im Rahmen von Innovationsentwicklungen oder Trendscouting für Unternehmen von Interesse. Hohe Aufmerksamkeit, auch von Seiten der Wissenschaft, hatte beispielsweise die Analyse der Zahl von Weblogpostings während der Präsidentschaftskandidatur in den USA im Jahr 2008.

Bei einigen der Werkzeuge und Verfahren kommen auch Verfahren der „Information Extraction" zum Einsatz. „Information Extraction" definiert sich als selektive Strukturierung und Kombination von impliziten oder expliziten Daten in einem oder mehreren Dokumenten. Information Extraction benutzt dazu semantische Klassifizierungen von Informationen (vgl. Knoth, Schmidt & Smrž, 2008; Moens, 2006). Semantische Verfahren versuchen so, u. a. aus der Satzstellung heraus zu erkennen, welche Bedeutung der Text hat. Statistische Verfahren benötigen große Mengen an Text, um beispielsweise Häufigkeitsanalysen durchzuführen. Beide Ansätze werden vielerlei kombiniert.

Früher boten mehrere Websites kostenlose Recherchemöglichkeiten und -auswertungen von Weblogs an, die auf Häufigkeitsanalysen von Begriffen beruhen (vgl. Markus & Schaffert 2010). Diese Tools – Technorati.com, Blogpulse.com oder Twitscoop – sind jedoch nicht mehr zugänglich.

Aus der Kombination der Analyse von Gefühlsäußerungen mit der Idee, zukünftiges Verhalten vorherzusagen, entstand die Idee zu untersuchen, inwieweit Gefühlsäußerungen zu Kinofilmen mit dem späteren Erfolg der Filme im Zusammenhang stehen (Mishne & Glance, 2006). Ein weiteres Anwendungsgebiet ist die kontextsensitive Werbeeinblendung (vgl. Altsearchengines.com, 2009). Bei der Arbeit mit Werkzeugen aus dem Bereich des Webmonitoring ist es wichtig, dass man sich absichert, dass die gewählten Zielbegriffe und Werkzeuge tatsächlich für geringe (Interpretations-)Fehler sorgen. Ein fundiertes Wissen ist hier notwendig (s. Markus & Schaffert, 2010).

Im Bereich von AAL wird über KI-Nutzungen vor allem im Hinblick auf die Vision der „Ambient Intelligence Systems" nachgedacht (Kleinberger u. a., 2007). Darunter werden Systeme verstanden, die „intelligent", also mithilfe von Verfahren der künstlichen Intelligenz das Leben zu Hause unterstützen können, z. B. intelligente (lernende) Systeme zur Identifikation von Stürzen (im Unterschied zu anderen Bewegungen). Zwar werden hierbei prinzipiell „verfügbare" Daten zum Einsatz kommen, dies sind aber nur selten öffentlich verfügbar.

Aus Perspektive des Webmonitoring sind verfügbare Daten von Interesse, weil sie aktuell sind sowie „non-reaktiv" entstanden sind, also nicht als Antwort auf eine von einer Forscherin bzw. einem Forscher formulierten Frage entstanden. Dabei ist aber zu ergänzen, dass z. B. Online-Foren rund um bestimmte Krankheiten, z. B. Diabetes, von Pharmakonzern nicht nur aus PR- oder Marketing-Gründen betrieben werden, sondern sie ermöglichen auch, „Trends im Consumer-Verhalten, neue Therapieoptionen und Indikationen rechtzeitig zu entdecken und gleichzeitig

Gefahren, wie z. B. Nebenwirkungen, rechtzeitig zu erkennen und schnell zu reagieren" (Medical Communities, 2008; s. Schön u. a., 2011).

Chancen und Herausforderungen bei der Auswertung von verfügbaren Daten im Bereich von AAL mithilfe von Webmonitoring und Information Extraction finden sich in Tabelle 20.

Chancen	Herausforderungen
– Es sind zeitnahe und damit höchst aktuelle Auswertungen möglich – Die Daten entstehen non-reaktiv, d. h. es gibt keine Verfälschung durch eine Befragungssituation	– Es ist sehr viel Kontext- und Sprachverständnis notwendig, auch kreative Lösungsansätze sind von Nöten – Es gibt keinen Anspruch auf Vollständigkeit der Daten

Tabelle 20: Chancen und Herausforderungen von Webmonitoring und Information Extraction verfügbarer Daten für AAL

4.5 Qualitative Zugänge der Text- und Bildanalysen

Werden vorhandene Daten ausgewertet, denkt man zunächst an quantitative Verfahren. Dennoch spielen qualitative Zugänge bei vielen Daten eine größere Rolle, so sind z. B. insbesondere Bilder nur eingeschränkt automatisch bzw. mit Hilfe quantitativer Verfahren zu analysieren.

Qualitative Verfahren werden prinzipiell im Kontext von AAL häufig eingesetzt, insbesondere wenn Nutzer/innen eingebunden werden (z. B. Beringer u. a., 2011; Toolbox der AAL Association, 2015).

Es konnten keine Beispiele gefunden werden, dass verfügbare Daten, also z. B. existierende Fotografien, im Kontext von AAL mithilfe qualitativer Text- oder Bildanalyse-Verfahren ausgewertet wurden.

Chancen und Herausforderungen bei der Auswertung von verfügbaren Daten im Bereich von AAL mithilfe von qualitativen Text- und Bildanalysen finden sich in Tabelle 21.

Chancen	Herausforderungen
– Texte und Bildmaterialien sind non-reaktiv und i.d.R. authentisch – Qualitative Verfahren ermöglichen u. U. ein tieferes Verständnis, v.a. bei der Auswertung von anonymen Beiträgen – Das Potential im Feld von AAL ist noch völlig unklar	– Kontextinformationen zu den Urheber/inne/n fehlen in der Regel – Die Validierung der Interpretation ist schwer möglich – hohe Wahrscheinlichkeit für Interpretationsfehler

Tabelle 21: Chancen und Herausforderungen der qualitativen Text- und Bildanalyse verfügbarer Daten für AAL

4.6 Soziale Netzwerkanalyse

Netzwerkanalysen werden in Unternehmen gezielt eingesetzt um Meinungsführer/innen bzw. um wichtige Knoten in Netzwerken zu analysieren. Das Wissen über Netzwerke ermöglicht so, gezielte PR-Maßnahmen durchführen zu können, indem beispielsweise Meinungsführer/innen festgestellt und gezielt eingebunden werden (vgl. Leisenberg, 2008).

Die Methode der sozialen Netzwerkanalyse wird auch dazu genutzt, um „Zukunftsprognosen zu generieren, die Aufschluss über zukünftige Produkttrends geben" (s. Baumöl & Ickler, 2008). Maßgeblich ist hier eine Arbeitsgruppe am MIT um Peter Gloor zugange, der die Suche nach Trends mithilfe der sozialen Netzwerkanalyse unter dem Begriff „Coolhunting" beschreibt. Durch die Analyse von bekannten Innovationsprozessen hat die Arbeitsgruppe um Gloor typische „Bilder" für (innovative) Lernnetzwerke dargestellt, die wiederum bei der Identifizierung von Trendanbahnungen eingesetzt werden können (u. a. Gloor et al., 2008). Dazu wurde u. a. auch die Entwicklung von neuen Tools notwendig. Bei Condorview wird die Vernetzung mithilfe des Hin und Her von E-Mails gemessen und dargestellt und damit soziale Netze transparent. In der Auswertung der Inbox von E-Mail-Nutzer/innen sind Newsletter oder Mailinglisten z. B. „isolierte Netzwerke", weil man nur lesend partizipiert.

Mit der sozialen Netzwerkanalyse sollen Einblicke in Strukturen erlangt werden, die durch andere Verfahren nicht ohne weiteres aufgedeckt werden können. Beispielsweise untersucht Stegbauer (2009) damit, explorativ wie in der Online-Enzyklopädie Artikel entstehen und diskutiert werden, weil in diesem Kontext herkömmliche Theorien zum Kooperationsverhalten scheitern.

Im Kontext von AAL wird die soziale Netzwerkanalyse zum einen als Möglichkeit der Analyse von Kommunikationsverhalten von Personen betrachtet, beispielsweise um ungewöhnliches Kommunikationsverhalten zu entdecken (Layfield u.a, 2009), was wiederum prinzipiell auch bei der Entwicklung von Services zur Unterstützung der Kommunikation von Familienangehörigen im AAL-Kontext denkbar ist (siehe Munoz u. a., 2015). Darüber hinaus ist es auch denkbar, dass im Bereich von AAL die Vernetzung und Kommunikation von Technologien Gegenstand von sozialen Netzwerkanalysen sein könnten, z. B. auch angereichert mit semantischen Analysen – dies schlagen zumindest Quinn, Chen und Mulvenna (2012) vor. Dass im Kontext von AAL mit verfügbaren Daten soziale Netzwerksanalysen durchgeführt wurden, konnte nicht eruiert werden.

Chancen und Herausforderungen bei der Auswertung von verfügbaren Daten im Bereich von AAL mithilfe der sozialen Netzwerkanalyse finden sich in Tabelle 22.

Chancen	Herausforderungen
– Das neue Verfahren ermöglicht	– Die soziale Netzwerkanalyse ist ein vergleichsweise junges bzw. selten eingesetztes Auswertungsverfahren – Interpretationsfehler sind eine Herausforderung

Tabelle 22: Chancen und Herausforderungen der sozialen Netzwerkanalyse verfügbarer Daten für AAL

4.7 Verfahren der künstlichen Intelligenz

Mithilfe künstlicher Intelligenz (Berthold & Hand, 2003; Zimmermann u. a., 2011) wird versucht, unbekannte Strukturen zu entdecken, dabei kommen lernende Systeme zum Einsatz (Maschinenlernen) und neuronale Netzwerke (Nauck u. a., 2003). Mithilfe von Methoden der künstlichen Intelligenz wird also versucht, Regeln und Zusammenhänge in Daten zu entdecken, die durch Algorithmen unterschiedlicher Art, entdeckt werden, wobei der Computer dabei „lernt". Beispielsweise können damit Sensordaten von Smart Homes nach Regeln oder Muster analysiert werden, die auf bestimmtes Verhalten, z. B. Bettlägerigkeit, Urlaubsreise, Putztag hinweisen. Oft sind Trainings- bzw. Testdaten hilfreich, um die Qualität der Algorithmen einzuschätzen. Auch im Kontext von AAL werden Verfahren der künstlichen Intelligenz bei der Analyse von (verfügbaren) Daten eingesetzt. De Abreu (2012) verwendet so in seiner Dissertation Verfahren des Maschinenlehrens und Cluster-Techniken zur Analyse von Biosignalen im Kontext von Ambient Assisted Living.

Gerade für diese Zwecke sind zur Verfügung stehende Daten hilfreich (Tunca u. a., 2014; Alemdar u. a., 2013). So nutzen beispielsweise Jurek u. a. (2014) die öffentlich zugänglichen Daten von van Kasteren (2011), bei denen er Sensordaten bei der Gesundheitsüberwachung von Älteren mit den beobachteten Aktivitäten ergänzt.

Chancen und Herausforderungen bei der Auswertung von verfügbaren Daten im Bereich von AAL mithilfe von Verfahren der künstlichen Intelligenz finden sich in Tabelle 23.

Chancen	Herausforderungen
– Aufdeckung neuartiger Zusammenhänge und Formulierung neuartiger Theorien – Automatisiertes Verfahren ermöglicht u. U. Entdeckung theoriefener Zusammenhänge – Trainingsdaten ermöglichen ein Training, aber auch Tests und Vergleiche der Algorithmen	– Die Entwicklung und Implementation von Verfahren der künstlichen Intelligenz ist sehr aufwändig – Eine Nutzung erscheint nur dann sinnvoll, wenn die Daten schon bekannt sind und erste Analysen vollzogen wurden – Sensible Daten – Niedrige Fehlertoleranz

Tabelle 23: Chancen und Herausforderungen der Analyse mithilfe von KI bei verfügbaren Daten für AAL

4.8 Data Mining

Data Mining ist die Anwendung einer Vielzahl von Methoden, die ständig erweitert werden, um noch unbekannte Zusammenhänge in Daten zu erkennen, ggf. auch durch Visualisierung. Data Mining (Hand, Mannila & Smyth, 2001; Ester & Sander, 2000) bedient sich dabei auch Verfahren der explorativen Statistik, der Datenvisualisierung und der künstlichen Intelligenz.

Verfahren des Datamining werden im Kontext von AAL auch in der Auswertung von Sensorendaten eingesetzt – die Grenze zu den eben vorgestellten Verfahren der künstlichen Intelligenz verwischt hierbei (z. B. Heierman & Cook, 2003; Jakkula & Cook, 2008; Rashidi & Cook, 2010; Müller u. a., 2014). Es werden sogar eigene Übersichten zum Data Mining in AAL-Teilbereichen erstellt, z. B. Data Mining für tragbare Sensoren (Banaee u.a, 2013).

Auch werden in AAL-nahen Projekten verfügbare Daten mithilfe des Data Mining ausgewertet, z. B. im Bereich der Diabetes (Bellazzi u. a., 2015).

Chancen und Herausforderungen bei der Auswertung von verfügbaren Daten im Bereich von AAL mithilfe von Data Mining finden sich in Tabelle 24.

Chancen	Herausforderungen
– Entwicklung von neuen Einsichten bzw. Theorien über Zusammenhänge von Daten – Data Mining ist eine angemessene Methode, um mehr über die Strukturen komplexer Daten zu erfassen	– Interpretationsfehler – Überbewertung zufälliger Gegebenheiten

Tabelle 24: Chancen und Herausforderungen des Data Mining verfügbarer Daten für AAL

4.9 Mash-Ups und Verknüpfung von Datenquellen

Oft sind die gesuchten Informationen durch Kombination von unterschiedlichen Daten möglich. „Linked (Open) Data" ist ein Ansatz, Daten in unterschiedlichen Quellen im Sinne des „Semantic Web" sinnvoll miteinander verknüpfbar und recherchierbar zu machen. Kernidee ist es dabei, externe Informationen mit dem (eigenen) Web-Content zu verknüpfen und zu integrieren und damit wieder zu verwenden (s.a. „Giant Global Graph", Berners-Lee, 2007). Grundvoraussetzungen für ein semantisches Web bzw. einer Vernetzung von Daten ist es daher, „einheitliche, offene Standards für die Beschreibung von Informationen zu vereinbaren, die es [...] ermöglichen sollen, Informationen über verschiedene Anwendungen und Plattformen auszutauschen und zueinander in Beziehung zu setzen" (Hitzler & Krötsch, 2008). Von speziellem Interesse ist in diesem Zusammenhang die Linked-Data-Initiative, eine Initiative, welche das Ziel hat, Datenquellen im Web miteinander zu verbinden. Welche Anwendungen und Services sich aus der Nutzung der Linked-Data-Strukturen entwickeln ist noch offen und Experten rechnen hier mit vielen Überraschungen (u. a. Andreas Blumauer, vgl. Schaffert et al., 2009, S. 63).

Metadaten eines Buches sind beispielsweise die Namen der Autorinnen und Autoren, die ISBN, der Verlag, der Erscheinungsort. Metadaten sind im Gegensatz zu Webseiten meist strukturierte Daten und daher vom Computer weiterverwendbar. Im Internet bzw. der Informatik werden solche „Daten über Daten" als Metadaten bezeichnet, die jedoch ganz unterschiedliches beinhalten. Um einen geregelten Austausch von Daten in einem Anwendungsbereich zu verbessern oder zu erleichtern, hat man sich in vielen Bereichen auf genau beschriebene Metadatenformate geeinigt. Treiber dieser Bestrebungen sind vor allem Archive, welche verbunden mit der Digitalisierung ihrer Bestände auch den Austausch ihrer Daten über Publikationen ermöglichen und vereinfachen wollten (z. B. mit Dublin Core). In der Nachrichtenindustrie ist der Einsatz von Metadatenformaten wie NewsML und EXIF erforderlich, um unter Zeitdruck einen reibungslosen Austausch von Nachrichten zu ermöglichen. Beim Web 2.0 und den sozialen Netzwerken steht die Vernetzung der Community im Vordergrund (z. B. FOAF, SIOC).

Eine Technologie welche es erlaubt derartige reichhaltige Beziehungen auch für Compter berechenbar zu definieren sind Ontologien. Ontologien sind dabei weitaus komplexere Systeme der Datenbeschreibung, die von Expertinnen und Experten entwickelt wurden und Wissensbestände beschreiben. Mit ihnen lassen sich hierarchische Gliederungssysteme von Wissen (Taxonomien, z. B. Artenbeschreibungen in der Biologie), aber auch komplexe Angaben über die Relationen von Wissen in einer Form beschreiben, sodass auch Computer diese verarbeiten können. Aus diesem Grund werden vermehrt Metadatenformate mithilfe von Ontologien beschrieben. Zum Beispiel sind EXIF und Dublin Core (s.o.) auch als Ontologien beschrieben.

Ein weiterer Vorteil liegt darin, dass verschiedene durch Ontologien beschriebene Metadatenformate miteinander verknüpft werden können. Beispielsweise kann das Metadatenfeld eines Fotos, das die Fotografin nennt (exif:artist) mit dem Metadatenfeld „Creator" im Dublin-Core-Standard verknüpft werden (dc:creator). Dadurch stehen die Angaben zu Fotos „automatisch" auch im Bibliotheksformat zur Verfügung. Metadatenformate und Ontologien sind also eine Möglichkeit, Wissen im Web austauschbar und maschinenlesbar zu machen. Bei der Entwicklung und auch der Benutzung ist in aller Regel Fachwissen notwendig.

Im Rahmen des AAL-Projekts „Adaptable Ambient Living Assistant" (ALIAS) wurde beispielsweise untersucht, wie die Suche von Suchmaschinen bzw. die Präsentation von „Rich Snippets", also angereicherte Vorschauen, mithilfe von Open-Data optimiert werden können (Steiner u. a., 2010).

Chancen und Herausforderungen bei der Auswertung von verfügbaren Daten im Bereich von AAL mithilfe der Verknüpfung von Daten finden sich in Tabelle 25.

Chancen	Herausforderungen
– umfassende Systeme statt proprietäre Einzelsysteme – hohe Nutzer/innenfreundlichkeit möglich, auch Adaption denkbar (Personalisierung)	– fehlende Standards und Schnittstellen – Anpassung an die Anforderungen der Endnutzerinnen und Endnutzer

Tabelle 25: Chancen und Herausforderungen der Verknüpfung von verfügbaren Daten für AAL

4.10 Auswertung von Floating/Big Data

Um die großen Zahl von „fließenden" Daten auswerten zu können, sind oft maßgeschneiderte Entwicklungen notwendig. Charakteristisch ist eben, dass sich die Daten weder in ihrer Gesamtheit abspeichern lassen noch dass sie strukturiert sind. Beispielsweise lassen sich zur angebotenen Software in diesem Bereich die die bereits erwähnten Webmontoring-Werkzeuge zählen. Während des „Durchflusses" der Daten werden z. B. ausgewählte Fragestellungen untersucht und passende Daten gespeichert, z. B. negative oder positive Gefühlsäußerungen rund um das Wort „Alter".

Wichtig ist im Bezug auf Big Data, dass größere Datenmengen nicht unbedingt qualitativ besser sind. Gerade bei der Erfassung einer Vielzahl von persönlichen Daten und Aktivitäten (z. B. Aufrufe von Webseiten etc.) stellen sich Bedenken bezüglich der ethischen Notwendigkeit und zum Datenschutz ein. Zur Illustration möchten wir einige (potentielle, aber auch realisierte) Nutzungsmöglichkeiten von Big Data für AAL-relevante Fragestellungen vorstellen:

– Social-Media-Mining kann zu Einschätzungen darüber führen, ob ein spezifisches Lifestyle-Thema oder eine Marke eher positive oder negative Resonanz erfährt (durch sog. Sentiment Analysis).

– Das Suchverhalten von Personen bei Suchmaschinen oder in Suchfeldern auf spezifischen Webseiten kann ausgewertet werden, um das Interesse nach Lifestyle-Produkten bzw. auch Wandel im Interesse nachzuvollziehen. Das Suchverhalten wird dabei im Bereich der Gesundheitsforschung als guter Indikator für Ausbruch und Stärke von Grippewellen wahrgenommen, auch werden die Daten genutzt, um saisonale Abhängigkeiten festzustellen (Ayers u. a., 2013).
– Sind Daten zum bisherigen Kaufverhalten vorhanden, werden künftige Kaufentscheidungen und -verhaltensweisen als gut prognostizierbar eingeschätzt (Krumme u. a., 2013).
– Medizinische Portale die von ihren Nutzer/innen medizinische persönliche Angaben sammeln (u. a. z. B. genetische Informationen bei 23andMe, PatientsLikeMe), können Datengrundlage für neue wissenschaftliche Ergebnisse sein, eine Reihe von Auswertungen wurden hier schon vorgenommen, z. B. zu den genetischen Bedingungen für lockiges Haar (Eriksson, 2011).
– Relevant für die Prävention können Sensordatenauswertungen der Mobilgeräte sein: Welche Bewegungsmuster liegen vor?

In welcher Weise die verfügbaren Daten im Feld von AAL (oder auch anderen Forschungsgebieten) hilfreich sind, ist offen. Welche Möglichkeiten der Datennutzung und -auswertung sich aus der Quantified-Self-Bewegung ergeben, ist hier z. B. zu diskutieren[10]. Drei Herausforderungen im Bezug auf Big Data erscheinen hier besonders erwähnenswert: So ist die Erhebung der Daten oft bedenklich im Hinblick auf Datenschutz (Conver, 2012; Health Data Exploration Project, 2014a, 2014b). Die Gefahren die in der Zurverfügungstellung von persönlichen (Gesundheits-) Daten an Dritte liegen, werden ebenso v.a. in Beiträgen aus dem Health-Bereich thematisiert (Carney, 2013). Auch die Auswertung von Big Data ist eine echte Herausforderung: Es müssen oft erst spezifische Anwendungen entwickelt und programmiert werden, um z. B. aus den großen Datenströmen sinnvoll ausgewählte oder aggregierte Daten zu erhalten, die für weitere Auswertungen von Bedeutung sind. Nur dass die Daten „da" sind und eben im sehr großen Maße (und Geschwindigkeit) potenziell greifbar sind, bedeutet nicht, dass es trivial ist, sie auszuwerten. Auch die Interpretation der Daten ist eine Herausforderung. Erfahrungen aus anderen Themenfeldern, beispielsweise des webbasierten Lernens in den 1990er Jahren zeigt, dass Skepsis angebracht ist. So wurde durch die neuen webgestützten Formen des Lernens und den damit erhobenen Login-Daten erwartet, zahlreiche neue Erkenntnisse zum Lernen zu erhalten. Die Euphorie der Nutzungsmöglichkeiten und Aussagekraft der Daten hat sich inzwischen gelegt, und auch in der Debatte um Learning Analytics, bei der nun noch mehr Daten verwendet werden, zeigen sich große Probleme darin, sie entsprechend sinnvoll zu interpretieren[11]. Es herrscht also Unklarheit darüber, ob und wie die Nutzung dieser Daten die Informationsgewinnung und -lage der österreichischen AAL-Community tatsächlich verändert.

---

[10] z. B. hier: http://quantifiedself.com (2016-02-01)
[11] ein Beispiel für den Umgang mit unklar zu interpretierenden Daten ist Paule-Ruiz u. a., 2015

Chancen und Herausforderungen bei der Auswertung von Big Data im Bereich von AAL finden sich in Tabelle 26.

Chancen	Herausforderungen
– Die Daten sind kostenfrei oder kostengünstig – Die Daten sind non-reaktiv erhoben und sind authentisch (keine Bias) – Die Nutzung der Daten ermöglicht die Entwicklung neuartiger Fragestellungen	– Die Datensätze sind unbereinigt und enthalten sog. „Rauschen" – Datenherkunft und -qualität ist unklar, evtl. zweifelhaft – Die Datenerhebung und -auswertung könnte Datenschutz und Persönlichkeitsrechte verletzen – Die Interpretation der Daten ist häufig nicht trivial

Tabelle 26: Chancen und Herausforderungen der Auswertung von Big Data für AAL

4.11 Visualisieren und interaktive Darstellungen

Zwar beruhen Illustrationen häufig auf andere Auswertungsverfahren, gerade mit ihrer Hilfe werden jedoch häufig Informationen schneller erfass- und begreifbarer. Nicht zuletzt durch die Popularität von Infografiken zeigt sich das Interesse an solchen Darstellungen.

Gerade für Nutzer/innen von AAL-Services – aber eben nicht nur – sind Visualisierungen eine wichtige Hilfe, um die zahlreichen Daten im AAL-Kontext, z. B. bei Smart Homes oder Gesundheitsdaten, auch verstehen zu können. Mulvenna u. a. (2011) stellen so unterschiedliche Nutzer/innen, ihre Rollen und Beispiele für Visualisierungen im AAL-Kontext vor. Neben Verlaufs- und Balkendiagrammen, Alarmen und ähnlichen Varianten gibt es gerade im Bereich der Nutzer/innen einen besonderen Bedarf für ansprechende Interfaces. Ob dann blühende Wiesen oder Roboterarme geeignete Visualisierungen für die Sportaktivitäten oder Gesundheitsdaten sind, wird im einzelnen untersucht (z. B. Consolvo u. a., 2008).

Gerade wenn es um räumliche Aktivitäten, Daten oder Services geht, sind Landkarten hilfreiche Visualisierungen. Ein Beispiel hierfür ist die Darstellung der gerontologischen Fachabteilungen und Plätze in allen österreichischen Bezirken auf einer Landkarte.

Visualisierungen sind häufig eine gute Möglichkeit, Fehler in den Daten zu entdecken, da sie „direkt vor Augen" geführt werden. Wenn beispielsweise eine österreichische Gesundheitseinrichtung in der Nordsee lokalisiert wird, sind wohl die Geodaten fehlerhaft eingetragen – Visualisierungen sind also oft auch eine Hilfe bei der Qualitätssicherung von Daten.

Einen Schritt weiter gehen interaktive Landkarten, Scorecards oder Dashboards, bei denen die Nutzer/innen die Datendarstellung oder Auswahl per Click verändern können.

Verfügbare Daten werden im Kontext von AAL vergleichsweise häufig zur Visualisierung eingesetzt, z. B. werden bei der Verwendung von Landkarten häufig die offenen lizenzierten Daten des OpenStreetMap-Projekts[12] verwendet (z. B. Lutherdt u. a., 2012).

Chancen und Herausforderungen bei der Visualisierung von verfügbaren Daten im Bereich von AAL finden sich in Tabelle 27.

Chancen	Herausforderungen
– Oft werden Daten erst durch die Visualisierung, z. B. in einer Landkarte erfassbar und interessant – Gerade interaktive Auswertungen haben einen hohen Nutzen für potentielle Betrachter/innen – Durch Visualisierungen können fehlerhafte Daten entdeckt werden	– Gute Visualisierungen sind aufwändig – Sind fehlerhafte Daten enthalten, kann dies auffallen

Tabelle 27: Chancen und Herausforderungen beim Visualisieren verfügbarer Daten für AAL

4.12 (Integriertes) Auswertungstool auf Webplattformen

Die in diesem letzten Abschnitt vorgestellten Auswertungstools beruhen auf ganz unterschiedlichen Daten und auch Methoden und Verfahren der Datenaggregation, -auswertung und -visualisierung. Da sie aber ähnliche Chancen und Herausforderungen aus Perspektiven der Nutzer/innen verbindet, werden sie in diesem eigenen Abschnitt vorgestellt.

Etliche Daten, die zur Verfügung gestellt werden, werden eben nicht als vollständige Datensätze zur Verfügung gestellt, sondern werden über Web-Anwendungen präsentiert, die Auswertungen und Visualisierungen der Ergebnisse ermöglichen. Ein Beispiel ist der Services „Google Trends" der bekannten Suchmaschine, der Auswertungen über die Suchbegriffe der Suchmaschinennutzer/innen im Bezug auf ihre Herkunft und im Zeitverlauf ermöglicht. Damit kann zum Beispiel auch das Suchverhalten nach unterschiedlichen Begriffen im Zeitverlauf verglichen werden. Dabei werden jedoch nicht die absoluten Häufigkeiten der Suchmaschinen präsentiert, sondern jeweils „normalisierte" Daten. Damit ist gemeint, dass die Suchhäufigkeiten der Begriffe im Verhältnis zueinander bzw. zur jeweils höchsten Suchhäufigkeit in einem Zeitabschnitt präsentiert werden, ohne dabei die absoluten Zahlen zu nennen.

Ein anderes Beispiel für eine Zurverfügungstellung von Daten, die ausschließlich über ein integriertes Auswertungstool erfolgt, ist die Studierendenstatistik der Technischen Universität Graz[13]. Damit lässt sich z. B. darstellen, wie viele Studie-

---
[12] http://openstreetmap.at/ (2015-11-03)
[13] https://online.tugraz.at/tug_online/Studierendenstatistik.html (2016-02-02)

rende derzeit eingeschrieben sind bzw. in den letzten Jahren waren, welches Geschlecht diese haben und woher sie kommen.

Dass nicht die Grunddaten zur Verfügung gestellt werden, hat dabei wohl unterschiedliche Gründe: Zum einen werden die Rohdaten evt. gar nicht exakt zur Verfügung stehen, da die Basis (wie bei Google Trends) Big Data ist oder auch exklusiv (kommerziell) verwertet wird. Zum anderen werden die Daten auch aus PR- oder auch, z. B. bei der TU Graz, aus Datenschutzgründen, nicht weitergegeben.

Dass das aktuelle Suchverhalten im Internet relevante Informationen ergibt, zeigt sich besonders im Kontext von E-Health. Da sich zum Beispiel die Existenz bzw. Ausbreitung von Krankheiten auch mit Hilfe des Suchverhaltens nach Symptomen gut darstellen lässt, gab es dazu mehrere Jahre eigene Auswertungsseiten bei Google, für zwei Krankheiten, nämlich „Google Flu Trends" und „Google Dengue Trends"[14]. Mehrere Beiträge haben sich mit der Brauchbarkeit der Analyse des Suchverhaltens beschäftigt, z. B. zur Nutzung im Bezug auf die Ausbreitung der Grippe (z. B. Ginsberg u. a., 2009) oder zur regionalen Verbreitung von Schlaganfällen (Walcott u.a, 2011).

Chancen und Herausforderungen bei der Nutzung von integrierten Auswertungtools zu verfügbaren Daten im Bereich von AAL finden sich in Tabelle 28.

Chancen	Herausforderungen
– Es können Daten zur Verfügung gestellt werden, bei denen die Präsentation der Datensätze eine Verletzung des Datenschutzes darstellen würde – Aus Anbietersicht können damit also auch Datenschutzverletzungen vorgebeugt werden	– Es sind v.a. Auswertungen der Daten möglich, die vom Web-Service vorgesehen werden, Auswertungen von Datenpaaren oder -reihen sind i.d.R. nicht möglich (z. B. Berechnungen von Korrelationen zwischen zwei Datenreihen) – Es gibt keine bzw. nur eingeschränkte Möglichkeit, die Qualität der eigentlichen Daten zu prüfen – Die Interpretation der Daten bzw. Auswertungen ist u. U. kompliziert und fehleranfällig (siehe Google Trends)

Tabelle 28: Chancen und Herausforderungen bei der Nutzung von integrierten Auswertungstools für verfügbare Daten für AAL

4.13 Zusammenschau: Allgemeine Chancen und Herausforderungen

Wird darüber nachgedacht, verfügbare Daten zu nutzen, lassen sich allgemein folgende Chancen und Herausforderungen nennen (vgl. Tabelle 29).

Hierbei fließen auch die Ergebnisse von Stockinger (2013) ein, der Expertinnen und Experten nach den Chancen von Open Government Daten für die Gesund-

---

[14] Google Flu and Dengue Trends Team, URL: https://www.google.org/flutrends/about/ (2016-02-15)

heitsförderung und Prävention im Bereich der Kinder- und Jugendgesundheit untersucht hat: Die Expertinnen und Experten haben dabei insbesondere auf Probleme bei der Interpretation und dem Datenmissbrauch hingewiesen. An anderer Stelle wird auf die Herausforderung hingewiesen, dass Korrelationen gerne, wobei dies keine Herausforderung der verfügbaren Daten ist, irrtümlich als Kausalität interpretiert werden (Digital Networked Data, 2015, S. 5). Darüber hinaus ist zu diskutieren und zu prüfen, inwieweit die Daten valide und reliabel sind, inwieweit sie auf eine Grundgesamtheit zutreffen und ob sie für (internationale) Vergleiche taugen. Dies ist jedoch keine Besonderheit von verfügbaren Daten, diese Fragen stellen sich auch bei einer Primärerhebung.

Chancen	Herausforderungen
– Die Daten sind kostenfrei oder kostengünstig – Die Daten sind u. U. unkompliziert und einfach zu erhalten – Die Daten sind evtl. auf die vorliegende Art gar nicht mit eigenen Möglichkeiten zu erheben (z. B. Vollerhebungen) – Gerade bei Open Government Data liegen Daten vor, die sonst nur schwer erhoben werden können – Handelt es sich um Nutzer/innendaten, handelt es sich um non-reaktiv erfasste Daten	– Interpretationsfehler: Die Daten werden falsch interpretiert, z. B. weil die Kontextinformationen fehlen oder unklar sind oder weil Korrelationen als kausale Zusammenhänge interpretiert werden – Qualität: Die Daten liegen nicht in der erwünschten Qualität vor – Passung: Die Daten sind nicht gezielt für die eigene Fragestellung erhoben worden – Datenherkunft: kann unklar oder zweifelhaft sein (Provience, Trust) – Rechtliches: Bei der Datenerhebung und -auswertung sind datenschutzrechtliche Aspekte genau zu beachten, um keine Persönlichkeitsrechte zu verletzen. – Aus methodischen Gründen sind Verfahren der Inferenzstatistik nicht einsetzbar – Die Daten müssen oft erst aufbereitet und bereinigt werden – Fehlende oder falsche Daten

Tabelle 29: Allgemeine Chancen und Herausforderungen der Analyse verfügbarer Daten für AAL

5 MÖGLICHE NUTZUNGSSZENARIEN VERFÜGBARER DATEN IM KONTEXT VON AAL – ERGEBNISSE DES KREATIV-WORKSHOPS

Die Sammlung und Veröffentlichung von offenen Daten und Open Government Data sind noch an ihrem Beginn. Es ist zu erwarten, dass es zukünftig mehr und auch andere Daten gibt. Die zu erwartenden weiteren Daten werden auch die zukünftigen Szenarien erweitern. Dies umfasst die unterschiedlichen Daten und unterschiedlichen Methoden, Fragestellungen bzw. Ergebnisse sowie Erfahrungen mit dem Ansatz.

5.1 Vorgehen

Für die Ideensammlung und Analyse wurde ein Innovations-Workshop mit Expertinnen und Experten durchgeführt, bei dem visionär-kreativ zukünftige Szenarien und konkrete Projekte entwickelt und bewertet wurden. Mithilfe von Verfahren der Innovationsentwicklung wurden zunächst mögliche Kombinationen von Daten und Vorgehensweisen vorgestellt und dann kreativ Szenarien entwickelt und diskutiert. Es wurden dabei neue Fragestellungen thematisiert, die sich aus der Verfügbarkeit der Daten ergaben. Für ausgewählte Szenarien wurden dann aus unterschiedlicher Perspektive Konsequenzen und Potentiale der Kombination von Daten und Verfahren diskutiert und bewertet. Beim Workshop wurde verstärkt auf die Expertise von außen zurückgegriffen, um ein möglichst breites und vielseitiges Bild zu erhalten. Zwanzig Expertinnen und Experten mit interdisziplinärem Hintergrund, d. h. AAL-Akteurinnen und AAL-Akteuren haben am Workshop teilgenommen und ihre vielfältigen bisherigen Erfahrungen eingebracht.

Im Anschluss an den Workshop wurden ausgewählte innovative Szenarien dokumentiert, dargestellt und ergänzt; auch ihre Umsetzbarkeit und Brauchbarkeit wurde genauer betrachtet.

5.2 Überblick

Im Kreativ-Workshop wurden acht Szenarien ausgearbeitet (vgl. Tabelle 30). Dabei sind vier Entwicklungen aus Perspektive der Datennutzung entstanden, d. h. es wurde überlegt, wie verfügbare Daten in AAL-Services eingesetzt werden können. Zwei Gruppen haben sich damit beschäftigt, wie verfügbare Daten Einblicke aus Perspektive der Marktforschung und Innovationsentwicklung liefern können. Aus Perspektive der Forschung wurde in zwei Gruppen diskutiert, wobei nicht nur die Verwendung der verfügbaren Daten, sondern auch die dabei notwendigen neuen Forschungsmethoden das Interesse der Beteiligten weckten.

Aus Perspektive der Marktforschung und Innovationsentwicklung in AAL	Aus Perspektive der Datennutzung in AAL-Services	Aus Perspektive der Forschung im Kontext von AAL
– Entwicklung der Nachfrage nach Rollatoren im europäischen Vergleich mithilfe von Google Trends – Marktforschung: Welche Möglichkeiten gibt es, die Kommunikation mit älteren Familienmitgliedern zu erhöhen?	– Mehr Bewegung! – Eine Bewegungsmotivations--App – Service-App für beeinträchtigte Nutzer/innen im öffentlichen Verkehr – Wiener Kartenservice für mobilitätseingeschränkte Personen – Ambulanzfinder	– Analyse der Bedürfnisse älterer Reisender, die in Online-Hotelrezensionen geäußert werden – Bedarfsanalysen zur AAL-Zielgruppe durch Analyse von Fotos

Tabelle 30: Überblick über die acht erarbeiteten möglichen Nutzungsszenarien

5.3 Entwicklung der Nachfrage nach Rollatoren – Google Trends

IN KÜRZE

Das Werkzeug Google Trends wird genutzt, um das Suchverhalten von Personen nach dem Begriff „Rollator" auf europäische Unterschiede hin zu vergleichen und ggf. auch daraus Unterschiede im Kaufverhalten abzuleiten.

VERFÜGBARE DATEN

Google Trends erlaubt die Recherche und Darstellung danach, wie häufig im Zeitverlauf Begriffe in die Suchmaschine eingegeben werden. Darüber hinaus sind Auswertungen im Bezug auf die Herkunft der Suchanfragen möglich.

PERSPEKTIVE

■ der Marktforschung und Innovationsentwicklung in AAL
☐ der Datennutzung in AAL-Services
☐ der Forschung im Kontext von AAL

AUSWERTUNG, VISUALISIERUNG UND NUTZUNG

Es wurde danach gesucht, ob es augenfällige Unterschiede beim Suchverhalten nach „Rollatoren" in Europa bzw. in Österreich gibt.

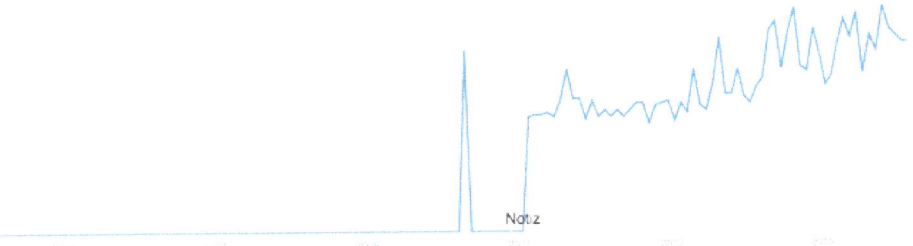

Abbildung 7: Suche nach „Rollator" in Österreich im Zeitverlauf
Quelle: Google Trends, URL:
https://www.google.de/trends/explore#q=rollator&geo=AT&cmpt=q&tz=Etc%2FGMT-1
(2016-02-21)

Abbildung 8: Suche nach „Rollator" in Österreich nach Bundesländern
Quelle: Google Trends, URL:
https://www.google.de/trends/explore#q=rollator&geo=AT&cmpt=q&tz=Etc%2FGMT-1
(2016-02-21)

HERAUSFORDERUNGEN UND PROBLEME

Schnell wurde das mangelnde Wissen rund um unterschiedliche Bezeichnungen von „Rollator" in den unterschiedlichen europäischen Sprachen erkennbar und dass diese Bezeichnungen oft nicht eindeutig, also nur für „Rollatoren" verwendet werden (z. B. Mobility Aid, Walker). Das Ergebnis war zwar in sekundenschnelle da, aber ohne weiteres Kontextwissen scheint es schwierig, die Ergebnisse zu bewerten und zu interpretieren.

Im Hinblick darauf, ob das Suchverhalten mit dem Kaufverhalten in Zusammenhang zu bringen ist, ist unter anderem danach diskutiert worden, dass es leider keine Auswertung im Hinblick auf das Alter der Suchmaschinennutzer/innen gibt.

Die vermeintlich exakte Darstellung der Ergebnisse beim Google-Service darf nicht über die Schwächen des Verfahrens (v.a. im Hinblick auf die Treffgenauigkeit) hinwegtäuschen.

CHANCEN UND POTENTIALE

Für die Marktforschung stellt Google Trends nur unter engen Voraussetzungen ein gutes Werkzeug dar, um relevante Daten zu Entwicklungen zu erhalten: Notwendig ist zum einen ein möglichst eindeutiger Begriff bzw. eindeutige Begriffe in allen untersuchten Sprachen und Kontexten. Zudem scheint es zur Einordnung der Ergebnisse, z. B. im Bezug auf zukünftiges Kaufverhalten, wichtig, bereits auch andere relevante Entwicklungen auf dem Markt, z. B. Reportagen im Fernsehen, die ein erhöhtes Suchverhalten auslösen könnten, zu kennen.

RELEVANZ
- ■ ein kleiner Schritt voran
- ☐ relevante Ergebnisse
- ☐ sehr relevante Ergebnisse

AUFWAND
- ■ eher gering – etwa ein Tag
- ☐ mittel – mehrere Tage
- ☐ hoch – mindestens zwei Wochen

DATENSCHUTZ & CO.
- ☐ keine Bedenken
- ■ in geringem Ausmaß
- ☐ in hohem Ausmaß

Im Hinblick auf den Datenschutz wurde angemerkt, dass die Unbedenklichkeit der Nutzung der Daten nicht gleichermaßen auch für die Erhebung der Daten gilt. Hier wird Google und seine umfangreiche Erhebung von Nutzer/innen-Daten als kritisch betrachtet.

5.4 Marktforschung: Kommunikation mit älteren Familienmitgliedern

IN KÜRZE

Es wurde darüber nachgedacht, ob es vorhandene Daten bzw. Informationen gibt, die neue Wege für die Kommunikation mit älteren Familienmitgliedern eröffnen.

VERFÜGBARE DATEN

Es wurde versucht, dem nachzugehen, wie man Informationen darüber erlangt, ob jemand (potentiell) Skype nutzt. Alternativ gilt ähnliches für andere Instant Messaging-Services oder Video-Anruf-Systeme.

PERSPEKTIVE
- ■ der Marktforschung und Innovationsentwicklung in AAL
- ☐ der Datennutzung in AAL-Services
- ☐ der Forschung im Kontext von AAL

AUSWERTUNG, VISUALISIERUNG UND NUTZUNG

Es ist unklar, ob diese Daten erhältlich sind.

HERAUSFORDERUNGEN UND PROBLEME

s.o.

CHANCEN UND POTENTIALE

Wären Daten verfügbar, sind diese von Relevanz für weitere Entwicklungen in diesem Bereich.

RELEVANZ

- ☐ ein kleiner Schritt voran
- ☒ relevante Ergebnisse
- ☐ sehr relevante Ergebnisse

Es ist unklar, ob es eine solche Entwicklung schon gibt und wie groß die Zielgruppe für eine solche Anwendung ist.

AUFWAND

- ☐ eher gering – etwa ein Tag
- ☐ mittel – mehrere Tage
- ☒ hoch – mindestens zwei Wochen

DATENSCHUTZ & CO.

- ☐ keine Bedenken
- ☒ in geringem Ausmaß
- ☐ in hohem Ausmaß

5.5 Mehr Bewegung! – Eine Bewegungsmotivations-App

IN KÜRZE

Es wurde darüber nachgedacht, welche verfügbaren Daten es bereits gibt und wie es gelingen kann, daraus eine App zu bauen, die zu mehr Bewegung animieren bzw. motivieren könnte.

VERFÜGBARE DATEN

Als mögliche zu nutzende verfügbare Daten wurden folgende gesehen:

– Wetterdaten

– Kartendaten (Spazierwege)

– Lage und Öffnungszeiten von Sportclubs und Angeboten für Seniorinnen und Senioren.

Notwendige Daten die noch nicht vorliegen bzw. wo es unbekannt ist, ob sie vorliegen sind Daten zum durchschnittlichen Bewegungsverhalten von Seniorinnen und Senioren unterschiedlichen Alters.

PERSPEKTIVE

- ☐ der Marktforschung und Innovationsentwicklung in AAL
- ☒ der Datennutzung in AAL-Services
- ☐ der Forschung im Kontext von AAL

AUSWERTUNG, VISUALISIERUNG UND NUTZUNG

Als Darstellung der Daten wurde eine Landkarte mit entsprechenden eingeblendeten Informationen zu Angeboten in der Nähe oder bei bestimmten Orten angedacht. Zudem wurde eine integrierte Kalenderlösung zur Planung und Dokumentation von Aktivitäten angestrebt.

HERAUSFORDERUNGEN UND PROBLEME

Ob die Daten, die nicht genau benannt wurden, tatsächlich in genannter Form verfügbar und auch nutzbar sind, ist noch zu klären.

Es wurde darüber diskutiert, welche Daten von Nutzer/innen erfasst werden müssten, um einen guten Service zu erreichen, oder wie eine datensparsame Variante aussehen könnte.

Unabhängig von den Möglichkeiten der Nutzung verfügbarer Daten, wurde bei der Ideenentwicklung auch thematisiert dass unklar ist, wie der Service genau gestaltet sein müsste, um motivierend zu wirken. Auch wurde angesprochen, dass der Service nur von Smartphone-affinen Personen genutzt werden würde.

CHANCEN UND POTENTIALE

Unklar ist, ob es eine entsprechende App, z. B. für Wien, schon gibt und in welcher Weise eine solche App genau gestaltet sein sollte.

RELEVANZ

- ☐ ein kleiner Schritt voran
- ■ relevante Ergebnisse
- ☐ sehr relevante Ergebnisse

Die Einschätzung im Bezug auf Relevanz fiel schwer und hängt von unterschiedlichen Aspekten ab, u. a. auch, ob es den Service in ähnlicher Weise schon gibt.

AUFWAND

- ☐ eher gering – etwa ein Tag
- ☐ mittel – mehrere Tage
- ■ hoch – mindestens zwei Wochen

DATENSCHUTZ & CO.

- ☐ keine Bedenken
- ☐ in geringem Ausmaß
- ■ in hohem Ausmaß

Es wurden Datenschutzbedenken im hohen Ausmaß geäußert, da hier vermutlich recht detaillierte Profile der Nutzer/innen angelegt und entsprechende Daten gesammelt werden; wobei unklar ist, ob diese Daten auch zentral erfasst werden oder bei den Nutzer/innen verbleiben.

5.6 Service-App für beeinträchtigte Nutzer/innen im öffentlichen Verkehr

IN KÜRZE

Körperlich eingeschränkte Personen bekommen bei der konzipierten Service-App Hinweise in Bezug auf barrierefreie Zugänge zum öffentlichen Verkehr bzw. Abfahrtszeiten für entsprechend geeignete Fahrzeuge in Wien.

VERFÜGBARE DATEN

Als mögliche zu nutzende verfügbare Daten wurden folgende gesehen:

– OpenStreetMap-Daten
– Wiener Linien (Adressdaten der Haltestellen)
– Wiener Linien (Verkehrsdaten des Echtzeitverkehrs)

Es ist dabei unklar, ob in den verfügbaren Daten der Wiener Linien auch Informationen über den barrierefreien Zugang des öffentlichen Verkehrs, z. B. Niederflurstraßenbahnen, erhältlich sind.

PERSPEKTIVE

- ☐ der Marktforschung und Innovationsentwicklung in AAL
- ■ der Datennutzung in AAL-Services
- ☐ der Forschung im Kontext von AAL

AUSWERTUNG, VISUALISIERUNG UND NUTZUNG

Die Daten der Wiener Linien sollen in der OpenStreetMap eingeblendet bzw. eingebaut werden; eine Suchfunktion soll zudem ermöglichen, nach geeigneten Verbindungen zwischen zwei Stationen zu suchen.

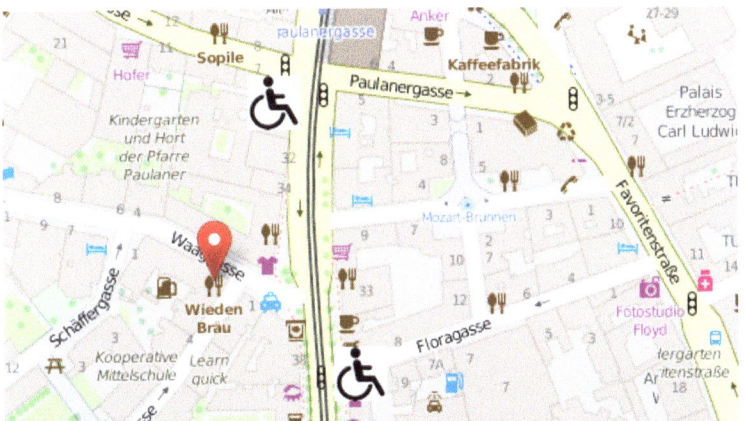

Abbildung 9: Mögliche Visualisierung (Skizze) auf Basis der OpenStreetMap
Quelle: http://www.openstreetmap.de (2016-02-02)

HERAUSFORDERUNGEN UND PROBLEME

Es ist unklar, ob die Daten zu Niederflurbussen u.ä. in ausreichender Qualität von den Wiener Linien zur Verfügung gestellt werden (vgl. http://www.wienerlinien.at/itip/bf/). Treten hier z. B. Fehler auf, wäre das für die Nutzer/innen des Service im hohen Maße problematisch.

CHANCEN UND POTENTIALE

Der Service könnte ohne Erhebung weiterer Daten gestaltet werden.

Unklar ist, wieviele Nutzer/innen es für diesen Service geben könnte. Er könnte aber auch über die AAL-Zielgruppe hinaus z. B. für Personen mit Kinderwägen von Interesse sein.

RELEVANZ
- ☐ ein kleiner Schritt voran
- ■ relevante Ergebnisse
- ☐ sehr relevante Ergebnisse

Für Nutzer/innen könnte der Service durchaus auch mit „sehr relevant" betrachtet werden.

AUFWAND
- ☐ eher gering – etwa ein Tag
- ☐ mittel – mehrere Tage
- ■ hoch – mindestens zwei Wochen

DATENSCHUTZ & CO.
- ☐ keine Bedenken
- ■ in geringem Ausmaß
- ☐ in hohem Ausmaß

5.7 Wiener Kartenservice für mobilitätseingeschränkte Personen

IN KÜRZE

Es wurde darüber nachgedacht, mit welchen verfügbaren Daten ein Karten- und Navigationsservice für Wien entwickelt werden könnte.

VERFÜGBARE DATEN

Als mögliche verfügbare Daten wurden in Betracht gezogen:

– Wiener GIS-Daten (Oberflächenbeschaffenheit)

– Wiener Linien, ÖBB (Fahrpläne, Haltestellen, Behindertenzugänge)

– Kartendaten (OpenStreetMap)

– notwendig sind u. U. Daten zu zeitlichen oder saisonalen Sperrungen von Zugängen und Wegen (z. B. im Park im Winter oder durch eine Baustelle)

PERSPEKTIVE
- ☐ der Marktforschung und Innovationsentwicklung in AAL
- ■ der Datennutzung in AAL-Services
- ☐ der Forschung im Kontext von AAL

AUSWERTUNG, VISUALISIERUNG UND NUTZUNG
Die Daten sollten dabei auf einer Karte (Navigationsanwendung) betrachtet werden, das Smartphone sollte dazu ggf. am Rollator fixiert werden können.

HERAUSFORDERUNGEN UND PROBLEME
Als Herausforderung wurde ein geeignetes Nutzer-Interface für die Zielgruppe 55+ betrachtet wie auch die offene Frage, ob die notwendigen Daten in ausreichender Qualität zur Verfügung stehen.

CHANCEN UND POTENTIALE
Die App könnte auch für Personen mit zeitweisen Einschränkungen der Mobilität, z. B. Verletzte oder Personen mit Kinderwagen, geeignet sein.

RELEVANZ
- ☐ ein kleiner Schritt voran
- ■ relevante Ergebnisse
- ☐ sehr relevante Ergebnisse

Es ist unklar, ob es eine solche Entwicklung bereits gibt und wie groß die Zielgruppe für eine solche Anwendung ist.

AUFWAND
- ☐ eher gering – etwa ein Tag
- ☐ mittel – mehrere Tage
- ■ hoch – mindestens zwei Wochen

DATENSCHUTZ & CO.
- ☐ keine Bedenken
- ■ in geringem Ausmaß
- ☐ in hohem Ausmaß

5.8 Ambulanzfinder

IN KÜRZE
Der Ambulanzfinder unterstützt die Entscheidung, welche Ambulanz angefahren werden sollte: im Bezug auf die Fahrtdauer, als auch die Wartezeiten in der Ambulanz.

VERFÜGBARE DATEN
Als mögliche verfügbare Daten wurden in Betracht gezogen:

- Standorte der Krankenhäuser
- GIS-Daten (Beschaffenheit der Straßen)
- Landkarten (OpenStreetMap)
- Verkehrsdaten
- Wetter

Neben den vorhandenen Seiten müssen Daten zu den Wartezeiten der Ambulanzen vom Krankenhauspersonal eingegeben werden.

PERSPEKTIVE
- ☐ der Marktforschung und Innovationsentwicklung in AAL
- ■ der Datennutzung in AAL-Services
- ☐ der Forschung im Kontext von AAL

AUSWERTUNG, VISUALISIERUNG UND NUTZUNG

Eigens erhoben und gesammelt werden müssen aktuelle oder erfahrungsbasierte Werte zu den Wartezeiten bei den unterschiedlichen Ambulanzen.

Die Daten können auf einer Landkarte oder auch in Listenform angezeigt werden, so dass eine schnelle Abwägung möglich ist.

HERAUSFORDERUNGEN UND PROBLEME

Zwar stehen zahlreiche Daten zur Verfügung, diese müssen aber erst entsprechend ausgewertet und aufbereitet werden; zentrale Daten fehlen dann jedoch noch; die extra erhoben werden müssen (Wartezeiten).

Es sollte z. B. von Seiten des Krankenhauspersonals die aktuelle Wartezeit (z. B. Zahl der Patienten im Wartezimmer) aktuell gehalten werden. Es ist offen, auf welche Weise dies gut gelingen könnte.

Entsprechend der Informationen sollten sich die Karten dynamisch ändern, also andere Routenempfehlungen geben.

CHANCEN UND POTENTIALE

Die Anwendung könnte die Ambulanzen merklich entlasten und Spitzen vermeiden helfen. Die Verringerung der Wartezeiten von Patientinnen und Patienten wäre ein Resultat eines erfolgreichen Produkts.

RELEVANZ
- ☐ ein kleiner Schritt voran
- ☐ relevante Ergebnisse
- ■ sehr relevante Ergebnisse

AUFWAND
- ☐ eher gering – etwa ein Tag
- ☐ mittel – mehrere Tage
- ■ hoch – mindestens zwei Wochen

DATENSCHUTZ & CO.
- ■ keine Bedenken
- ☐ in geringem Ausmaß
- ☐ in hohem Ausmaß

Wie beschrieben, sollten keine Erfahrungswerte bei den Wartezeiten durch die Patientinnen und Patienten sondern ggf. durch die Intermediäre erfasst und gespeichert werden. Ansonsten würde hier unter Umständen eine Einstufung mit „in hohem Maße" notwendig, wenn sensible Nutzer/innendaten – zu Besuchen von Ambulanzen – nutzerspezifisch erhoben und gesammelt werden.

5.9 Hotelrezensionen von älteren Reisender und deren Bedürfnisse

IN KÜRZE

Es stellt sich die Frage, ob Rezensionen auf Reiseportalen geeignet erscheinen, um mehr Einblicke in die Bedürfnisse von älteren Reisenden zu erhalten und ggf. entsprechende Angebote besser auf die Zielgruppe ausrichten zu können. Diese Daten sind interessant, da sie non-reaktiv auf die Forschungsfrage erhoben wurden.

VERFÜGBARE DATEN

Es gibt zahlreiche Portale mit Rezensionen und Rückmeldungen zu Hotels, Reiseanbietern und Restaurants. Diese Daten sind häufig frei zugänglich.

Er wurde bei der Entwicklung der Idee zunächst danach gesucht, welche Portale ausweisen, ob die Rezensionen von älteren Reisenden stammen.

Toll für ältere Reisende zur Flucht vor dem Winter
Ein für ältere Urlauber sehr gut geeignetes Hotel, in ruhiger aber nicht abgelegener Lage, sehr schöner Gartenanlage rund um das Hotel, tollem Ausblick auf Fuerteventura und abends oftmals passierende Kreuzfahrtschiffe sowie auf wunderschöne Sonnenuntergänge in Blickrichtung auf den Leuchtturm der Insel.

Bei den Malzeiten gab es jeweils das beste Essen (in Qualität und Auswahl), das wir bisher in einem 4 Sterne Hotel genießen konnten.
Die Anordnung der Tische um einen großen Lichthof herum, mit vielen Pflanzen aller Art und Große darin,
bewirkt im Restaurant auch eine sehr angenehme Auflockerung dieser oftmals so hallenförmig großen Einrichtungen und verkürzt die Laufwege zum Buffet.
Das Plazieren am Tisch ist selbst bei großem Andrang in 3 bis 4 Minuten "erledigt" und verhindert einerseits, das neue Gäste auf der Suche nach freien Plätzen "herumirren", andererseits die bereits speisenden oder ihr Essen am Buffet holenden Gäste dadurch gestört werden, ist also aus unserer Sicht
doch eher als sehr positiv zu bewerten.

von Joachim
Alter 61-65

Noch nicht registriert
Fragen an Joachim?

Gesamtbewertung	5.1 von 6
Weiterempfehlung	🙂
Preis/Leistungsverhältnis	sehr gut
Bewertetes Zimmer:	Doppelzimmer
Zimmerkategorie:	Standard
Mit Ausblick:	zum Garten
Hotelsterne waren berechtigt:	Ja
Entsprach Reisekatalog:	Nein, besser

Abbildung 10: Exemplarische Hotelrezension eines älteren Reisenden (Joachim, Alter 61-65)
Quelle: holidaycheck.ch,
URL: https://www.holidaycheck.ch/hrd/hotel-hipotels-natura-palace-toll-fuer-aeltere-reisende-zur-flucht-vor-dem-winter/5427df28-970e-38ec-93dc-22f29dbe4c6f (2016-02-21)

PERSPEKTIVE
- ☐ der Marktforschung und Innovationsentwicklung in AAL
- ☐ der Datennutzung in AAL-Services
- ■ der Forschung im Kontext von AAL

AUSWERTUNG, VISUALISIERUNG UND NUTZUNG

Die Auswertung der Daten müsste mithilfe eines qualitativen Verfahrens erfolgen.

HERAUSFORDERUNGEN UND PROBLEME

Dabei wird thematisiert, dass qualitative Verfahren ein großes Verständnis der Personen und Situationen voraussetzen, die Rezensionen und vorhandenen Informationen dann in der Regel jedoch eher spärlich und kurz sind. Notwendige Interpretationen geben auch viel Spielraum für mögliche Fehler.

CHANCEN UND POTENTIALE

Ob in diesem Verfahren für die Forschung große Chancen liegen, ist den Beteiligten unklar, da sie den Status quo hier nicht kennen.

RELEVANZ
- ■ ein kleiner Schritt voran
- ☐ relevante Ergebnisse
- ☐ sehr relevante Ergebnisse

AUFWAND
- ☐ eher gering – etwa ein Tag
- ☐ mittel – mehrere Tage
- ■ hoch – mindestens zwei Wochen

DATENSCHUTZ & CO.
- ■ keine Bedenken
- ☐ in geringem Ausmaß
- ☐ in hohem Ausmaß

5.10 Bedarfsanalysen zur AAL-Zielgruppe durch Analyse von Fotos

IN KÜRZE

Es wurde darüber nachgedacht, ob und unter welchen Bedingungen es Sinn machen könnte, die Fotos bei Online-Datenbanken, z. B. bei FlickR.com für Analysen zu den Bedürfnissen der AAL-Zielgruppe zu verwenden.

VERFÜGBARE DATEN

Das Internet ist voller Bilder, es wurden u. a. die Plattform Flickr.com und die Resultate der Bilder-Suche von Google einbezogen.

PERSPEKTIVE
- ☐ der Marktforschung und Innovationsentwicklung in AAL
- ☐ der Datennutzung in AAL-Services
- ■ der Forschung im Kontext von AAL

AUSWERTUNG, VISUALISIERUNG UND NUTZUNG

In welcher Weise die Fotografien ausgewertet werden können, hängt von der genauen Fragestellung ab. Allerdings wurde v.a. diskutiert, ob es geeignete Fragestellungen für das Material gibt. Es erscheint notwendig, dann eine entsprechende passende – wohl qualitative Methode der Bildinterpretation zu entwickeln.

Exemplarisch wurde z. B. nach dem Begriff „Spazierstock" und „Regenschirm" bei FlickR gesucht und diskutiert: Was könnte man mit diesen Ergebnissen anfangen? Wie könnte man sie auswerten, wie interpretieren?

Abbildung 11: Treffer bei FlickR.com für „Spazierstock"
Quelle: FlickR.com (2016-02-21)

Abbildung 12: Treffer bei FlickR.com für „Regenschirm"
Quelle: FlickR.com (2016-02-21)

Es gab keine Überlegungen dazu, ob es geeignete Fragestellungen im Bereich von AAL gibt, die mit dieser Methode geklärt werden könnten.

HERAUSFORDERUNGEN UND PROBLEME

Als problematisch wurde erlebt, dass bei FlickR.com die Suche nur mithilfe der Texte der Bildbeschreibungen und Tags möglich ist, also passende Bilder ggf. gar nicht gefunden werden können. Beispielsweise schien die Möglichkeit der Google-Bilder-Suche hier hilfreich, wo Bilder mit Gesichtern automatisch ausgewählt werden können.

Dann wurde bedauert, dass es bei FlickR.com keine Angaben über das Alter der Nutzer/innen gibt, also der Foto-Ersteller/innen. Es bleibt also unklar, ob die ausgewählten Bilder und die entsprechend gewählten Texte zu den Fotos tatsächlich für den AAL-Kontext also für die AAL-Zielgruppe authentisch sind oder ggf. nur Stereotype der FlickR-Nutzer/inn/en widerspiegeln.

CHANCEN UND POTENTIALE

Die Beteiligten hatten großes Interesse, über mögliche Nutzung der Bilder aus Forschungsperspektive nachzudenken. Interessant sind die Fotografien, da sie ein neuartiges Datenmaterial darstellen und auch neuartige Auswertungsverfahren zu entwickeln sind.

Wertvoll sind die Daten bzw. Fotografien, da sie non-reaktiv erhoben werden können.

RELEVANZ
- ☐ ein kleiner Schritt voran
- ■ relevante Ergebnisse
- ☐ sehr relevante Ergebnisse

Die Relevanz ist noch nicht geklärt, es scheint jedoch möglich, dass es einzelne Fragestellungen gibt, für die das Vorgehen (sehr) relevant sein könnte.

AUFWAND
- ☐ eher gering – etwa ein Tag
- ☐ mittel – mehrere Tage
- ■ hoch – mindestens zwei Wochen

DATENSCHUTZ & CO.
- ☐ keine Bedenken
- ■ in geringem Ausmaß
- ☐ in hohem Ausmaß

5.11 Was die Expertinnen und Experten interessant und herausfordernd finden

Insbesondere in der abschließenden Plenumsdiskussion beim Workshop wurden folgende Aspekte genannt, die die Beteiligten als Chance bzw. als Herausforderung beschrieben bzw. in der Nachbetrachtung des Workshop als „Lessons Learned" bezeichnet wurden.

Als Chancen wurden insbesondere folgende Aspekte gesehen:

- Die Verknüpfung von unterschiedlichen Daten wird als interessante Chance für neue Informationen gesehen – insbesondere auch für neue Services.
- Die Kombination von vorhandenem Wissen bzw. von eigenen Daten mit den verfügbaren Daten ist eine bislang nicht mitgedachte Möglichkeit.
- Neuartige Auswertungsmethoden und Vorgehensweisen sind möglich – das weckte im positiven Sinne gerade das Interesse der Wissenschaftler/innen.
- Gerade non-reaktiv erhobene Daten wecken das Interesse der Wissenschaftler/innen. Diese sind besonders bei Fragestellungen, die in hohem Maße in Befragungssituationen zum Beispiel mit Einflüssen wie der sozialen Erwünschtheit beeinflusst werden können, von Interesse.

Als problematisch und herausfordernd wurden v.a. folgende Aspekte der Nutzung verfügbarer Daten genannt:

- Alle Expertinnen und Experten, sowohl aus dem Bereich von AAL wie auch aus der Datenauswertung, wünschen sich qualitativ hochwertige, sehr gut beschriebene Daten. Diesen Anforderungen wird nur ein Teil der verfügbaren Daten gerecht.
- Einige Teilnehmer/innen äußern sich erstaunt darüber, dass es schon etliche Daten gibt, die sie nicht kannten bzw. bislang nicht als mögliche Quelle für weitere Informationen oder Möglichkeit zur Auswertung betrachtet haben.
- Man weiß nicht, welche Daten nun genau zur Verfügung stehen. Auch der Blick in den ODAAL-Katalog kann nur oberflächlich Auskunft und erste Orientierung geben. Für konkrete Fragestellungen muss man die verfügbaren Daten genau kennen.
- Passende Auswertungsverfahren und auch Interpretationshilfen müssen z. T. erst noch entwickelt werden. Dies bezieht sich in der Diskussion vor allem auf qualitative Verfahren, z. B. der Bildinterpretation. Das Argument lässt sich aber auch auf andere Verfahren, z. B. des Data Mining, ausdehnen.
- Gerade die Expertinnen und Experten mit Expertise bei der Datenauswertung äußerten zudem, dass sie einfach wenig wissen und verstehen, welche Informationen AAL benötigt bzw. benötigen könnte.

6 CHANCEN UND HERAUSFORDERUNGEN DER NUTZUNG VON VERFÜGBAREN DATEN IM KONTEXT VON ACTIVE AND ASSISTED LIVING BZW. AMBIENT ASSISTED LIVING (AAL)

Es ist nicht trivial, eine allgemeine Einschätzung zu den möglichen Chancen und Herausforderungen von verfügbaren Daten für die österreichische AAL-Community zu geben oder sich dabei auf andere Publikationen zu beziehen. Dies liegt auch daran, dass insbesondere die Begriffe „Big Data" und „Open Data" nicht immer so verwendet werden, wie es bisher dargestellt wurde. So werden beide Begriffe manchmal auch synonym für „die Daten im Web" verwendet.

Dass mit verfügbaren Daten Potentiale verknüpft werden, zeigt zum Beispiel die folgende Darstellung der „Wertschöpfungskette von offenen Daten" in Anlehnung an Netconsult (o.J.): Offene Daten werden dabei als Möglichkeit für Effektivität und Wachstum, sowie als Chance für Transparenz und Innovation gesehen (vgl. Abbildung 13).

Wertschöpfungskette von Offenen Daten

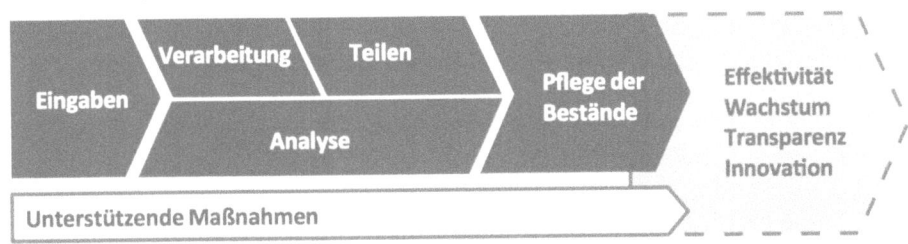

In Anlehnung an eine Darstellung von Netconsult, o.J.,
vgl. http://www.netconsult.ch/uploads/pics/Open_Data_Value_Chain.jpg

Abbildung 13: Wertschöpfungskette von offenen Daten
Darstellung in Anlehnung an Netconsult, o.J.

6.1 Vorgehen

Im Folgenden werden zunächst Studien und ihre Ergebnisse vorgestellt, die sich im Kontext von AAL mit Chancen und Herausforderungen der verfügbaren Daten beschäftigen. Auf dieser Grundlage und den Diskussionen in den drei ODAAL-Workshops wurden vier Aspekte, die besonders häufig im Bezug auf die Nutzung von verfügbaren Daten im Bereich der österreichischen AAL-Community genannt werden, ausgewählt. Für jeden Aspekt – Kosten, Qualität, Datenschutz, Innovation und Transparenz – wurden jeweils Chancen und Herausforderungen zusammengestellt.

Da in der Entwicklung und Nutzung von Big Data und Open Data für die Privatwirtschaft wie auch die öffentliche Verwaltung großes Potential gesehen wird, werden und wurden auch im deutschsprachigen Europa unterschiedliche Studien durchgeführt, u. a. vom deutschen Verband BITKOM (2012, 2014). „Österreichische Potenziale und Best Practice für Big Data" wurden in der gleichnamigen Studie (Köhler & Meir-Huber, 2014) dargestellt. Der Begriff „Big Data" wird dabei auch für kleinere Open-Government-Datensätze verwendet.

Die im Folgenden ausgewählten Argumente stammen dabei aus der genannten Literatur, aus den vorangegangenen Abschnitten der Studie oder sind im Rahmen der Workshops genannt worden. Auch in diesem Abschnitt werden jeweils Chancen und Herausforderungen im Bezug auf das genannte Thema in Form einer Tabelle aufgelistet, damit für den Einzelfall ggf. ein detaillierter Check möglich ist.

6.2 Publikationen zu Chancen und Herausforderungen im Kontext von AAL

Nur zwei Beiträge wurden gefunden, die sich mit den Herausforderungen und Problemen von verfügbaren Daten im Kontext von AAL beschäftigen (Stockinger, 2013; Verhulst u. a., 2014). Aber es gibt hierzu auch weitere Analysen in anderen Bereichen als AAL, z. B. zu den Herausforderungen und Möglichkeiten von Open Data in der Ökologie (Reichman, Jones & Schildhauer, 2011).

Chancen und Risiken von Open Government Data für Gesundheitsförderung und Prävention nach Stockinger (2013)

Eine von vermutlich nur wenigen Untersuchungen mit Aussagen zu den Chancen und Herausforderungen von Open Data in einem Kontext, der durchaus Überschneidungen mit AAL hat, ist die Masterarbeit von Stockinger (2013). Dabei wurden Expertinnen und Experten zu Chancen und Risiken von Open Government Data in der Gesundheitsförderung und Prävention im Bereich der Kinder- und Jugendgesundheit befragt. Stockinger hat gezählt, welche Argumente hier besonders häufig genannt wurden (vgl. Tabelle 31).

Chancen	Risiken
– Gesundheitserziehung und Health Literacy – Projekte in der Gesundheitsförderung – Forschung und Lehre – Informations- und Datenqualität kann höher sein als z. B. durch eigene Erhebungen realisierbar – Gesundheitspolitik und Interessensvertretung – Transparenz	– Fehlinterpretation – Datenmissbrauch – Inhaltliche Komplexität – die Datenqualität muss nicht in hohem Maße gegeben sein – Erhöhte Aufwände – Datenschutz

Tabelle 31: Chancen und Risiken von Open Government Data in der Gesundheitsförderung und Prävention
Quelle: Stockinger, 2013, Tabelle 2, S. 46 und Tabelle 3, S. 53

Die Wirkung von Open Data in der Gesundheitspflege und Sozialbetreuung (UK)

Verhulst u. a. (2014) haben für NHS England untersucht, welche Wirkungen Open Data in der Gesundheitspflege und Sozialbetreuung haben. Dabei wurden sechs Absichten/Annahmen identifiziert, die hinter der Idee offene Gesundheitsdaten stehen. Diese werden als Chancen betrachtet und sind: Rechenschaftspflicht/Verantwortung (Accountability), die Schaffung von Wahlmöglichkeiten (Choice), Ergebnisse (Outcomes), Effizienz (Efficiency), Innovationen und ökonomischer Wachstum sowie die Zufriedenheit von Patienten und Kunden (vgl. Verhulst u. a., 2014; Abbildung 1, S. 19).

Als Hindernisse für Open Data im Bereich der Gesundheitspflege und Sozialbetreuung (UK) wurden hingegen kulturelle und institutionelle Barrieren, Privacy, Standards und Interoperabilität sowie gute Analysen identifiziert (Verhulst u. a. 2014; S. 36).

Abbildung 14: Rahmenkonzept für Open Data im Bereich der Gesundheitspflege und Sozialbetreuung (UK)
Quelle: Verhulst u. a. 2014; S. 45

6.3 Das Thema „Kosten"

Einige Studien gehen von enormen Einsparungspotentialen aus, wenn auf existierende Daten zurückgegriffen wird: So würden z. B. für das Gesundheitssystem der USA mehr als 300 Milliarden US-$ eingespart werden können, wenn offene Daten analysiert werden würden: „For example, in US health-care, we found that more than $300 billion a year in value potentially could be created through the use of more open data, e.g., through the analysis of open data to determine which therapies are both medically effective and cost-efficient." (Chui, Farrell & Van Kuiken, 2013). Auf welcher Grundlage solche Effekte entstehen, zeigt eine Grafik von Preische (2014), in der die unterschiedlichen finanziellen Auswirkungen der Bereitstellung von Open Data dargestellt werden.

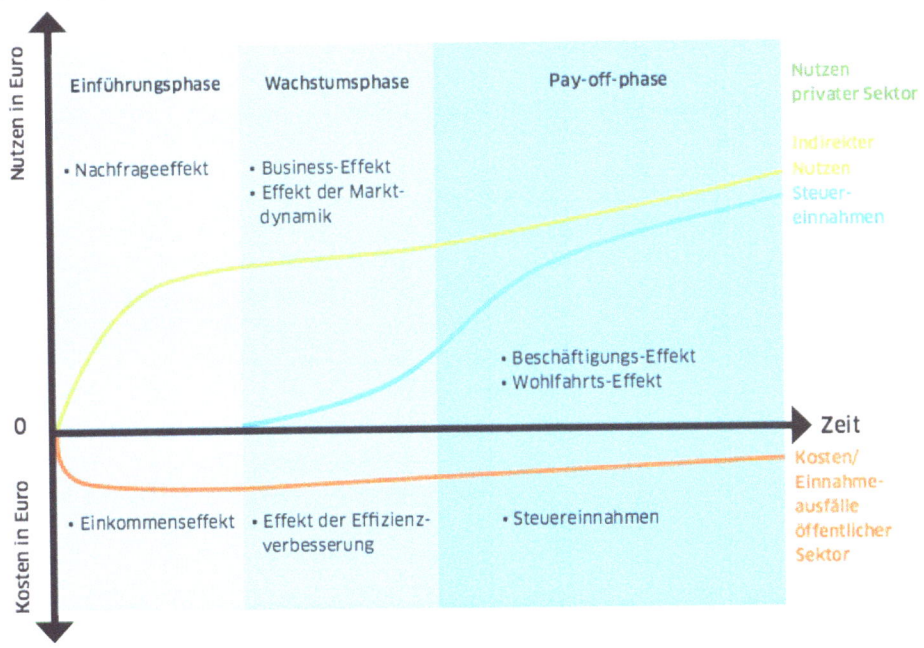

Abbildung 15: Ökonomische Effekte von Open Data
Quelle: Preische, 2014, Abbildung 3, S. 19

Bei diesen Einschätzungen ist zu beachten, dass sich die Aussagen in der Regel auf Open Data, als nur einen Teil der zur Verfügung stehenden Daten beziehen.

Aus Perspektive der AAL-Forschung und -Entwicklung ist die Einschätzung der Brauchbarkeit von vorhandenen Daten mithilfe unterschiedlicher Auswertungsverfahren vor allem eine ökonomische Abwägung: Erhalte ich mit den vorhandenen Daten günstigere (d. h. weniger aufwändig) Daten als die tradierten Verfahren, wie z. B. Befragungen von Nutzer/innen, und zwar in für meine Zwecke ausreichender Qualität? Ob es bei der Verwendung vorhandener Daten in jedem Fall zu einer Reduktion von Kosten kommt, ist dabei an dieser Stelle zumindest zu bezweifeln, den tatsächlich entstehen ja ggf. auf der Seite der Auswertung der Daten höhere Kosten (v.a. im Bezug auf Big Data).

Die Probleme bei der Suche und Nutzung von verfügbaren Daten im Bereich AAL sind wohl mit jenen zu vergleichen, die der Digital Networked Data, der Verein für Innovation und Erforschung vernetzter digitaler Daten (2015) nennt: „Die in den Interviews genannten aktuellen Problemstellungen der KMUs lassen sich in drei

Kategorien einteilen: 1) die immer größer werdenden Datenmengen, 2) das Finden der relevanten Daten und 3) die Analyse der Daten. So verhindert die Flut an vorhandenen Daten oftmals, relevante Daten in gewünschter Qualität und Zeit zu finden und diese dann mit intelligenten Algorithmen auszuwerten, um wertvolle Informationen und Wissen aus den Daten ableiten zu können." Abzuwägen ist also nicht nur, inwieweit die Nutzung von vorhandenen Daten derzeit und ggf. zukünftig ökonomisch sinnvoll ist.

Eine Übersicht über Chancen und Herausforderungen rund um Kosten durch die Auswertung verfügbarer Daten im Kontext von AAL gibt Tabelle 32.

Chancen	Herausforderungen
– Die Daten sind kostenfrei oder kostengünstig – Die Daten sind u. U. unkompliziert und einfach zu erhalten – u. U. sind aktuelle Daten erhältlich, die sonst nicht oder schwerer zu erhalten sind	– Die verfügbaren Daten müssen erst im Bezug auf ihre Vollständigkeit und mögliche Fehler geprüft werden – Die Daten müssen oft erst aufbereitet und bereinigt werden – Die Suche und Klärung der Möglichkeiten verfügbarer Daten benötigt Zeit und Expertise – Die Auswertung und Interpretation benötigt Zeit und Expertise – Kostspielige Fehlinterpretationen sind möglich

Tabelle 32: Allgemeine Chancen und Herausforderungen der Analyse verfügbarer Daten für AAL im Hinblick auf Kosten

6.4 Das Thema „Qualität"

Aus wissenschaftlicher und praktischer Perspektive sind nicht allein die Kosten für die Datenerhebung von Bedeutung, sondern auch ihre Auswertungsmöglichkeiten und Qualität der Daten.

Aus wissenschaftlicher Perspektive sind z. B. Big Data, die das Verhalten von Personen non-reaktiv (d. h. nicht als Reaktion auf eine Befragung) erfassen, authentischer („echter") und geben die Lebensrealität evt. besser wieder als Befragungsdaten. Gleichzeitig sind diese Datensätze jedoch auch oft voll sog. „Rauschen", also voller fehlender oder unvollständiger Daten, und sind schwierig zu interpretieren. Bei Datensätzen anderer Forscher/innen sind die Daten oft bereinigt, und Erhebungskosten entfallen, gleichzeitig sind die Daten eben nicht gezielt für die Zwecke der Sekundäranalyse erhoben und daher i.d.R. nur eingeschränkt hilfreich.

Aus praktischer Perspektive, wenn die Daten zum Beispiel in einem AAL-Service genutzt werden, können fehlende oder falsche Daten fatal sein: Werden z. B. in einer Spezialkarte für Freizeit-Angebote für Senioren falsche Öffnungszeiten angegeben, wird schnell der ganze Service in Frage gestellt und nicht mehr genutzt –

eine hohe Zuverlässigkeit der Daten kann über den Erfolg einer Anwendung entscheiden.

Eine Übersicht über Chancen und Herausforderungen rund um Qualität durch die Auswertung verfügbarer Daten im Kontext von AAL gibt Tabelle 33.

Chancen	Herausforderungen
– Oft können die Daten gar nicht selbst erfasst werden (z. B. bei Daten von Behörden) – Ggf. können auch unvollständige Daten besser sein, als gar keine – das kommt aber auf die Zielsetzung der Nutzung an	– Bei der Aufbereitung und Bereinigung der Daten entstehen Fehler – Da die Qualität an sich unklar ist, entstehen damit verbundene Aufwände

Tabelle 33: Allgemeine Chancen und Herausforderungen der Analyse verfügbarer Daten für AAL im Hinblick auf die Qualität

6.5   Das Thema „Datenschutz"

Je mehr Daten gesammelt und zur Verfügung stehen, desto stärker rücken datenschutzrechtliche Belange in den Vordergrund (Rothfeder, 1992). Wenn z. B. ein Mann über die Teenager-Schwangerschaft seiner Tochter erfährt, weil sie aufgrund ihres geänderten Kaufverhaltens im Supermarkt Schwangerschaftstipps erhält[15] oder eine Schwangerschaft mit dem Fitnessarmband festgestellt werden kann[16], wird das Ausmaß an potentiellen Verletzungen von Privatsphäre und Datenschutz sichtbar.

Grundsätzlich sind personenbezogene Daten nach dem österreichischen Datenschutzgesetz (DSG) geschützt. Jede Person hat Anspruch auf Geheimhaltung der Daten, die sich auf sie beziehen. Sensible, d. h. besonders schutzwürdig Daten sind „Daten natürlicher Personen über deren rassische und ethnische Herkunft, politische Meinung, Gewerkschaftszugehörigkeit, religiöse oder philosophische Überzeugung, Gesundheit oder ihr Sexualleben" (Lexikon des Datenschutzrechts, 2015 bzw. DDSG 2000, BGBl. I Nr. 165/1999, §4 idgF, §4). Die Verwendung der Daten ist verboten, sofern es keine explizite Ausnahme für dieses Verbot gibt. Im Kontext von AAL spielt das Thema auch eine besonders große Rolle und ist auch von besonderer Brisanz, weil hier sehr häufig mit sensiblen Daten gearbeitet wird, d. h. Daten, die sich z. B. mit dem persönlichen Umfeld und Lebensverhältnissen oder auch der Gesundheit von Personen beschäftigen.

Bei der Nutzung verfügbarer Daten können datenschutzrechtliche Belange in drei unterschiedlichen Phasen auftreten: (a) Bei der Erfassung bzw. Sammlung der Pri-

---
[15] u. a. New York Times, URL: http://www.nytimes.com/2012/02/19/magazine/shopping-habits.html?_r=0 (2016-02-02)
[16] u. a. JEZEBEL, URL: http://jezebel.com/man-finds-out-wife-is-pregnant-via-reddits-analysis-of-1758386138 (2016-02-02)

märdaten, (b) bei der Veröffentlichung bzw. Zurverfügungstellung wie auch schließlich bei der (c) Sekundärauswertung der Daten (vgl. Abbildung 16).

Datenschutzbelange bei der Entstehung, Veröffentlichung und Nutzung von verfügbaren Daten

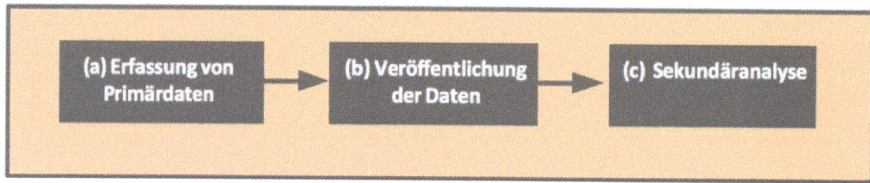

Abbildung 16: Datenschutzbelange bei der Entstehung, Veröffentlichung und Nutzung von verfügbaren Daten

zu a) Es stellt sich also die Frage nach dem Datenschutz nicht erst bei der Zurverfügungstellung von Daten, sondern es ist ggf. schon zu hinterfragen, wie und wo diese Daten gesammelt wurden. Bei der Erfassung und Sammlung von Daten im AAL-Kontext wird allgemein empfohlen, möglichst datensparsame Anwendungen zu entwickeln. Gerade im Hinblick auf Sensoren werden im hohen Maße sensible Daten gesammelt. Was aus den Daten eines „Smart Homes" herausgelesen werden kann, stellt so ein Spiegel Online Artikel (2015) dar und problematisiert dies. Bevor solche Daten Dritten zur Verfügung gestellt werden, sind hier also entsprechende Maßnahmen zu treffen, dass die Daten ggf. tatsächlich anonym weitergegeben werden und keine Rückschlüsse auf Personen möglich sind. So wird versucht, bereits bei der Erhebung der Primärdaten Anonymisierungsverfahren einzubauen, z. B. werden bei Verkehrssensoren in Autos die ersten und letzten Kilometer einer Fahrt automatisch gelöscht und nicht an die Zentrale übermittelt.

zu b) Bei der Veröffentlichung von Daten greifen zudem auch Handreichungen und Empfehlungen wie die folgende: Im Rahmen der PSI-Richtlinie, des Informationsweiterverwendungsgesetz, sowie dem geplanten Informationsfreiheitsgesetz werden Empfehlungen veröffentlicht, auf welche Weise die verantwortlichen Stellen vor der Veröffentlichung von Daten als Open (Government) Data möglichen Verletzungen des Datenschutzes entgegenwirken können bzw. wie die Daten entsprechend klassifiziert werden können (vgl. Zeller-Lukashort, 2015).

Es gibt hier auch speziell für AAL Vereinbarungen. So werden zum Beispiel beim VDE (2012) entsprechende Grundätze diskutiert, dabei wird z. B. auf Dix (2009) verwiesen (Zitat nach VDE, 2012, S. 25), der für AAL fordert: „[...] Grundsatz der Datenvermeidung und Datensparsamkeit, dezentrale Speicherung, z. B. beim Anwender sowie Speicherung der medizinisch relevanten Daten beim behandelnden Arzt, datenschutzfreundliche Gestaltung (privacy by design), Transparenz und Steuerbarkeit der Datenströme soweit möglich, Transparenz der Funktionsweise der Systeme[...] ". Für IT-Infrastrukturen sind allgemein, aber natürlich insbesondere im Bereich von AAL auch Maßnahmen zur Datensicherheit zu ergreifen (vgl. VDE, 2012, S. 26).

zu c) Schließlich stellt sich die Frage, ob und wie es möglich ist und ob und wie es zu verhindern ist, dass bei der Nutzung von verfügbaren Daten datenschutzrechtliche Belange eine Rolle spielen können. Immer wieder wird in der Debatte um Big Data und Open Data darauf hingewiesen, dass sich durch neue Auswertungsverfahren und Kombination der Daten die Möglichkeit ergeben könnte, dass hier Belange des Datenschutzes berührt werden, auch wenn die zur Verfügung gestellten Daten an sich noch keine Datenschutzverletzungen beinhalten. Ein denkbares Szenario ist beispielsweise eine Auswertung der Edits von Autorinnen und Autoren der Wikipedia im Hinblick auf ihre politischen Aktivitäten bzw. Interessen oder auch mögliche Erkrankungen (es ist zu erwarten, dass sie in entsprechenden Artikeln häufiger involviert sind).

Obwohl immer wieder auf diese Problematik hingewiesen wird, gibt es bislang kein konkretes Beispiel, wo mit verfügbaren Daten, datenschutzrelevante Auswertungen vorgenommen wurden. Allerdings ist eine öffentliche Diskussion darüber wohl auch nicht zu warten, da das Datenschutzgesetz diese Auswertungen ja untersagt.

Um mögliche Datenschutzverletzungen durch Auswertungen und Kombinationen von Daten vorzubeugen, gibt es mehrere Maßnahmen und Überlegungen. So werden beispielsweise Datenanalyse-Verfahren kreiert und getestet, bei denen versucht wird, mithilfe von aggregierten Daten ebenso gute Ergebnisse zu erzielen wie mit den originalen, präziseren Daten, die aber persönliche Angaben enthalten (Agrawal & Skrikant, 2000).

Auf der anderen Seite gibt es auch Überlegungen, beispielsweise im Umgang mit der DNA von Menschen, sich darauf einzustellen, dass es künftig mehr Daten und weniger Privatsphäre gibt. Anstatt mehr Regelungen für den Datenschutz zu fordern wird vorgeschlagen, darauf mit entsprechenden Ausweitungen von Antidiskriminierungsregelungen, z. B. aufgrund von (bekannten) Erkrankungen zu reagieren (Schadt, 2012).

Es gilt jedoch: Auch für die Auswertung der Daten gelten die Vorgaben des Datenschutzgesetzes. Entsprechende Auswertungen sind also auch gesetzeswidrig. Insgesamt scheint die Anforderung oder Problematik im Umgang mit verfügbaren Daten im Kontext von AAL nicht wesentlich anders gelagert als im Umgang mit den Daten bei der Primärerhebung: Mögliche Anonymisierungstechniken und Datensparsamkeit haben Priorität.

Eine Übersicht über Chancen und Herausforderungen rund um den Datenschutz durch die Auswertung verfügbarer Daten im Kontext von AAL gibt Tabelle 34.

Chancen	Herausforderungen
− Die Diskussion um Datenschutz bei verfügbaren Daten könnte sich positiv auf die Möglichkeit datenarmer Applikationen bzw. integrierten Anonymisierungstechniken auswirken.	− Nicht allein die Auswertung von verfügbaren Daten stellt im Hinblick auf den Datenschutz eine Herausforderung dar. − Es ist denkbar, dass durch Kombination von verfügbaren Daten und entsprechenden Auswertungen Datenschutzrechte verletzt werden können, aber unklar, auf welche Weise und wie dem konkret vorgebeugt werden kann.

Tabelle 34: Allgemeine Chancen und Herausforderungen der Analyse verfügbarer Daten für AAL im Hinblick auf den Datenschutz

6.6 Die Themen „Innovation und Transparenz"

Den Begriffen Big Data und Open Data werden in vielen Stellungnahmen und Veröffentlichungen als wesentliche Treiber für zukünftige Innovationen und Geschäftsmodelle betrachtet (Goldstein & Dyson, 2013; Manyika u. a., 2011). Die damalige Vize-Präsidentin der europäischen Kommission Neelie Kroes sieht z. B. in der digitalen Agenda 2014 „on open platforms and interoperability standards as a basis for an open, big-data approach to care innovation". Ähnliche Aussagen und Hochrechnungen mit beeindruckenden Zahlen gibt es auch für andere Branchen (Bitkom, 2012).

Ob und in welcher Weise auch Innovationen im AAL-Kontext durch verfügbare Daten möglich sind, ist offen. Es gibt allgemein nur wenige Anwendungen, die auf offenen Daten beruhen und häufig ist mit ihnen nicht die Absicht verbunden, damit auch Einnahmen zu generieren. Eine App aus dem AAL-Kontext, die auf Open Data basiert, ist zum Beispiel die App „Barrierefrei Parken Salzburg"[17], die von der FH Salzburg entwickelt wurde. Ein im Bezug auf AAL im weitesten Sinne relevantes Unternehmen ist auch „eversport", ein Online-Marktplatz für Sportplätze. Es verwendete u. a. offene Daten, um Basisdaten über Sportplätze zu erhalten[18]; im November 2015 konnte das Unternehmen verkünden, entsprechende größere Investoren gefunden zu haben.

Ein anderes Beispiel für ein Start-Up im Feld von AAL ist das Viomedo.de[19]. Die Plattform möchte Patienten Informationen über aktuelle klinische Studien anbieten, die sie den Veröffentlichungen der Behörden entnehmen (vgl. Seibel, 2016). Nicht nur unmittelbar mit den Daten, sondern auch mit Services drum herum können innovative Anwendungen entstehen. Mapicture[20] verarbeitet, analysiert und

---

[17] https://itunes.apple.com/at/app/barrierefrei-parken-salzburg/id962770330?l=en&mt=8 (2016-02-02)
[18] Vortrag von Andreas Woditschka am 19.10.15, vgl. URL: http://www.it-businesstalk.at/wp-content/uploads/2015_Eversport.pptx (2015-10-15)
[19] https://www.viomedo.de/ (2016-01-01)
[20] http://mapicture.com (2016-01-10)

visualisiert z. B. Daten und greift dabei auf unterschiedliche verfügbare Daten zurück (vgl. Seibel, 2016). Ein Schwerpunkt liegt dabei auf der Darstellung in Kartenform. An der Salzburger FH verortet ist Vidatio, eine Initiative, die eine Web-Applikation entwickelt hat, die eine einfache Möglichkeit bieten soll „Daten hochzuladen, zu visualisieren und zu veröffentlichen"[21].

Innovationen entstehen dabei also nicht nur in großen Unternehmen, sondern auch bei Nutzer/innen bzw. Start-Ups („Open Innovation"; von Hippel 2005). Verfügbare Daten gelten dabei als eine mögliche Grundlage für Open Innovation. Unternehmen stellen so gerne Daten zur Verfügung und erwarten sich, dass dadurch auch spannende Services rund um ihre Daten bzw. ihr Angebot entstehen können.

Die Zurverfügungstellung von Daten ist nicht nur eine Chance für Innovation, sondern auch eine Voraussetzung um mehr Transparenz zu schaffen. Im Hinblick auf die Anbieter/innen der Daten kann dies Transparenz im Bezug auf staatliches bzw. behördliches Handeln sein, oder auch Transparenz beim wissenschaftlichen Vorgehen und die Möglichkeit, Methoden und Verfahren zu wiederholen und zu prüfen.

Eine Übersicht über Chancen und Herausforderungen rund um Innovation durch die Auswertung verfügbarer Daten im Kontext von AAL gibt Tabelle 35.

Chancen	Herausforderungen
– Verfügbare Daten können die Chance für innovative Forschungszugänge wie auch AAL-Services bieten bzw. erschließen – Sind die Daten relativ einfach bzw. günstig zu erhalten, steigen die Chancen, dass sich auch die Entwicklung von Nischenlösungen bzw. Lösungen für kleine Zielgruppen lohnt	– Wenn die Daten allen zur Verfügung stehen, ist es ggf. schwierig ein Alleinstellungsmerkmal zu erhalten; ggf. sind also weitere Services bzw. Daten notwendig, um dieses Alleinstellungsmerkmal zu erhalten

Tabelle 35: Allgemeine Chancen und Herausforderungen der Analyse verfügbarer Daten für AAL im Hinblick auf Innovationen

---

[21] https://multimediatechnology.at/daten-sichtbar-machen/ (2015-11-05)

7 CHANCEN UND HERAUSFORDERUNGEN DER NUTZUNG VON VERFÜGBAREN DATEN IN AAL AUS UNTERSCHIEDLICHEN PERSPEKTIVEN

Für jede der im folgenden dargestellten Perspektiven ergeben sich aus der Nutzung und Auswertung von verfügbaren Daten unterschiedliche, aber durchaus verwandte Fragestellungen. Die sechs ausgewählten Perspektiven wurden dabei im Rahmen der Studie immer weiter ergänzt und die Perspektiven als wesentlich für den Kontext von AAL betrachtet (vgl. S. 17ff). Die Chancen und Herausforderungen aus diesen Perspektiven werden im Folgenden skizziert.

7.1 Perspektive der Datenanbieter/innen

Perspektive der Datenanbieter

Es gibt ganz unterschiedliche Anbieter/innen von Daten – da sind auf der einen Seite Behörden, die im Rahmen von Open-Data-Initiativen Daten zur Verfügung stellen; zum anderen sind auch Unternehmen und Forscher/innen unter den Anbieter/innen von Datensätzen. In Tabelle 36 werden Chancen und Herausforderungen aus der Perspektive von Datenanbieter/innen im Bereich von AAL gegenübergestellt.

Chancen	Herausforderungen
– Steigerung der Datenqualität: Veröffentlichung als qualitätssichernde Maßnahme: Zum einen wird den Daten mehr Aufmerksamkeit zuteil; zum anderen werden ggf. Fehler in der Zweitnutzung aufgedeckt – Innovationen rund um die eigenen Daten ermöglichen – Für Transparenz des eigenen Verhaltens sorgen – Services rund um das eigene Angebot erhöhen, ohne eigene Services entwickeln zu müssen	– Risiko der Datenschutzverletzungen u. a. durch die Datennutzer/innen – Aufdeckung eigener Schwachstellen und Probleme (z. B. der Qualität der Daten)

Tabelle 36: Allgemeine Chancen und Herausforderungen der Analyse verfügbarer Daten für AAL aus Perspektive der Datenanbieter/innen

7.2 Perspektive der Forschung im Kontext von AAL

Perspektive der Forschung im Kontext von AAL

Aus Perspektive der Forschung spielt zum einen die Datenqualität eine Rolle, somit auch die Möglichkeit, Forschungsfragen zufriedenstellend, d. h. valide beantworten zu können. Zudem sind aus Perspektive von Forscher/innen auch neuartige Datenformate von Interesse, wenn sich dadurch evtl. auch neue Forschungsmethoden und -verfahren entwickeln lassen.

In der Tabelle 37 werden Chancen und Herausforderungen aus der Perspektive der Forschung im Bereich von AAL gegenübergestellt.

Chancen	Herausforderungen
– Forschung wird transparenter, wenn Daten auch für andere zur Verfügung stehen – Mit den verfügbaren Daten (z. B. OGD) sind z. T. Einsichten zu gewinnen, die mit eigenen Datenerhebungen nicht möglich sind	– Das Wissen über Bestände, Umgang und Aufbereitung und ggf. auch Auswertungsmöglichkeiten von verfügbaren Daten muss ausgebaut werden – Auswertungsverfahren müssen, z. B. bei Bildern oder Big Data, teils erst noch elaboriert oder entwickelt werden – Durch fehlende Kontextinformationen sind Fehler in der Interpretation hoch

Tabelle 37: Allgemeine Chancen und Herausforderungen der Analyse verfügbarer Daten für AAL aus Perspektive der Forschung im Kontext von AAL

7.3 Perspektive der Policy Maker

Perspektive der Policy Maker

Aus Perspektive der Policy Maker stehen die Bedürfnisse der Endanwender/innen im Vordergrund, gleichzeitig gehören auch Überlegungen rund um den wissenschaftlichen und wirtschaftlichen Fortschritt in ihr Aufgabengebiet: Es geht darum, den (politischen) Rahmen für Projekte und Initiativen zu schaffen die dem Wohle der Gesellschaft dienen.

Aus Perspektive der Policy Maker stehen bei der Zurverfügungstellung von Daten zum einen Kostenaspekte im Vordergrund. Ein Aspekt ist dabei die Vermeidung von überflüssigen Kosten bei der Finanzierung von Forschung: So schreibt Reckling (2013) aus Perspektive des FWF zur Forderung nach kostenfreien Zugang zu Forschungsdaten (S. 32/33): „So werden eine Reihe [..] forschungs-relevanter Daten und Materialien von öffentlich finanzierten Einrichtungen wie Museen, Bibliotheken, Statistikämtern oder meteorologischen Anstalten verwaltet. Allerdings haben WissenschafterInnen oft nur einen begrenzten Zugang oder aber die Verwendung in Publikationen muss zu hohen Kosten aus Forschungsmitteln gekauft werden. Das läuft faktisch darauf hinaus, dass öffentlich finanzierte Daten und Materialen wiederum mit öffentlichen Mitteln freigekauft werden müssen, um sie dann wissenschaftlich fundiert der Öffentlichkeit zugänglich zu machen.

Der Politik ist daher zu empfehlen, der Wissenschaft einen möglichst schrankenlosen und kostenlosen Zugang zu solchen Materialien und Daten zu gewährleisten." Die 2014 erweiterte Open-Access Policy des FWF enthält „die starke Empfehlung, Forschungsdaten, die im Rahmen von FWF geförderten Projekten erzeugt werden, Open Access zur Verfügung zu stellen„[...], sofern dies rechtlich und ethisch möglich ist" (FWF 2015)" (zitiert nach Buschmann u. a., 2015).

Dann werden mit der Zurverfügungstellung von offenen Daten (Open Data) eine ganze Reihe von weiteren Erwartungen, v.a. im Hinblick auf Innovation und Geschäftserfolge verbunden.

In der Tabelle 38 werden Chancen und Herausforderungen aus der Perspektive von Policy Maker im Bereich von AAL gegenübergestellt.

Chancen	Herausforderungen
– Verfügbare Daten sind in dieser Studie nicht nur Open Data; v.a. mit Open Data sind aber langfristige Kostenersparnisse denkbar – Verfügbare Daten ermöglichen Innovation und Geschäftserfolg – Werden verfügbare Daten genutzt, wird Forschung u. U. transparent – Werden verfügbare Daten genutzt werden Datenbestände im Hinblick auf Qualität geprüft – Werden Open Government Data verwendet, ist dies häufig auch eine Absicherung ihrer Qualität	– Datenschutzbelange könnten von neuen Auswertungsverfahren und Kombinationen von Daten berührt werden, hier sind vorbeugende Maßnahmen notwendig – Es fehlt Know-how um mit den verfügbaren Daten zu arbeiten – Die Rahmenbedingungen (fehlende Standards) u. a. für die Verknüpfung von Daten in europäischen Projekten bzw. Auswertungen sind noch nicht ausreichend

Tabelle 38: Allgemeine Chancen und Herausforderungen der Analyse verfügbarer Daten für AAL aus Perspektive der Policy Maker

7.4 Perspektive der Datennutzung in AAL-Services

Perspektive der Datennutzung in AAL-Services

Werden verfügbare Daten für AAL-Services genutzt bzw. ist geplant, diese zu nutzen, liegt dies v.a. an zwei Argumenten: Entweder sind die Daten mit eigenen Mitteln zu erheben oder sie sind kostengünstig (weil i.d.R. kostenlos). Dem gegenüber stehen eine Reihe von Nachteilen, u. a. ist es sehr leicht möglich, dass Nachahmer/innen ähnliche Services bauen, indem sie auf die gleichen Daten zurückgreifen.

In der Tabelle 39 werden Chancen und Herausforderungen aus der Perspektive von AAL-Services gegenübergestellt.

Chancen	Herausforderungen
– Relativ kostengünstige Daten liegen vor – Daten können anderweitig gar nicht (selbst) beschafft werden, z. B. bei Vollerhebungen	– Häufig aber hoher Aufwand der Aufbereitung – Unsicherheiten im Bezug auf Qualität und Bestand der Daten – Ähnliche Services können ohne große Schwierigkeiten von anderen nachgeahmt werden, wenn (nur) verfügbare Daten verwendet werden – Unklarheiten und Unsicherheiten über das Angebot verfügbarer Daten – Fehlendes Wissen über die Aufbereitung und Nutzungsmöglichkeiten der Daten

Tabelle 39: Allgemeine Chancen und Herausforderungen
der Analyse verfügbarer Daten für AAL aus Perspektive der AAL-Services

7.5 Perspektive der End-Anwender/innen

Perspektive der Endanwender/innen

Aus Perspektive der Anwender/innen von AAL-Technologien und -Services ist es nicht irrelevant, ob die verwendeten Daten aus verfügbaren Beständen stammen, oder nicht. Anwender/innen haben so durchaus Interesse, dass durch (kostengünstige) Daten neuartige Services möglich wären, die sonst als Nischenanwendung nicht zu realisieren sind. Auf der anderen Seite ist aus Sicht der Nutzer/innen ein Interesse am Schutz der eigenen Daten wichtig. Hier sind durch die Nutzung verfügbarer Daten Szenarien denkbar, bei denen die Anonymität der Daten aufgehoben werden könnte.

In der Tabelle 40 werden Chancen und Herausforderungen aus der Perspektive von End-Anwender/inne/n im Bereich von AAL gegenübergestellt.

Chancen	Herausforderungen
– Neuartige Services und Produkte – Unter Umständen werden so Entwicklungen erst möglich, weil Daten zur Verfügung stehen – Besseres Verständnis der Bedürfnisse von End-Anwender/inne/n durch bessere, fundierte Marktdaten.	– Wie bei allen AAL-Entwicklungen gilt es, auf Datenschutzaspekte und Datenarmut zu achten; allerdings hängt dies nicht ursächlich an den verfügbaren Daten

Tabelle 40: Allgemeine Chancen und Herausforderungen
der Analyse verfügbarer Daten für AAL aus Perspektive der Endanwender/innen

7.6 Perspektive der Marktforschung und Innovationsentwicklung

Perspektive der Marktforschung und Innovationsentwicklung im Bereich von AAL

Die Nutzung von verfügbaren Daten macht auch im Hinblick auf die Marktforschung und Innovationsentwicklung im Bereich AAL eigene Aktivitäten der Datenerhebung und profundes Wissen zum Marktgeschehen nicht irrelevant.

In der Tabelle 41 werden Chancen und Herausforderungen aus der Perspektive der Marktforschung und Innovationsentwicklung im Bereich von AAL gegenübergestellt.

Chancen	Herausforderungen
– Einblicke in Marktentwicklungen, die sonst nur schwer möglich sind (z. B. kurzfristige Änderungen im Suchverhalten)	– Aufgrund der fehlenden Kontextinformationen ist ein gutes Wissen über den Markt Voraussetzung, vorhandene Daten ggf. zutreffend zu interpretieren

Tabelle 41: Allgemeine Chancen und Herausforderungen der Analyse verfügbarer Daten für AAL aus Perspektive der Marktforschung und Innovationsentwicklung im Bereich AAL

8 ZUSAMMENSCHAU UND AUSBLICK

Abschließend werden die zentralen Aussagen der Studie zusammengefasst und ein Ausblick auf mögliche Konsequenzen gegeben.

8.1 Zusammenschau: Daten und Potential sind vorhanden – aber ausbaufähig

Zielsetzung der Studie war es, einen Überblick über den Status quo und das Potential der verfügbaren Daten und ihrer Nutzung im Kontext der österreichischen AAL-Community zu erhalten. Einen Überblick bietet Abbildung 17.

Potential verfügbarer Daten im Kontext von AAL

Verfügbare Daten	Perspektiven der Nutzung	Auswertungsverfahren	Mögliche Ergebnisse
Forschungsdatensätze, Daten der Statistik-Ämter und Behörden, Daten von Unternehmen, nutzergenerierte Daten	Marktforschung und Innovation, AAL-Services, Policy Maker, AAL-Nutzer/innen, Forscher/innen, Datenanbieter/innen	Aufbereitung von verfügbaren Daten, Statistik, Information Extraction, Qualitative Zugänge, Data Mining, Auswertung von Floating/Big Data, Visualisieren u.a.	Neue AAL-Services, z.B. Ambulanzfinder, neue Einsichten durch neuartige Daten, z.B. zur Nachfrage nach Rollatoren, Bedürfnissen bei Hotelreisen

Chancen und Herausforderungen

Kosten
Ersparnisse vs. Auswertungskosten
Qualifizierungsbedarf
Vermeidung von doppelter Subventionierung

Datenschutz
Datenschutzverletzungen bei der Auswertung von verfügbaren Daten sind denkbar (wenn auch nicht zulässig)

Qualität und Transparenz
Transparenz im Behördenhandeln und Forschung wird erhöht
Qualität ist dabei nicht per se gegeben

Innovation und Transparenz
Neue und auch Nischenanwendungen sind denkbar (weil evt. leichter finanzier- und realisierbar)
Rund um die Datenauswertung entstehen neue Methoden und Dienstleistungen

Abbildung 17: Übersicht: Aspekte des Potentials verfügbarer Daten im Kontext von AAL

In der vorliegenden Studie wurde der Status quo der verfügbaren Daten erhoben, die im Kontext von AAL genutzt und ausgewertet werden können. Ausgehend von einem breiten Verständnis, wurden dabei nicht nur offen lizenzierte Datenbestände (Open Data), sondern auch andere verfügbare Datensätze betrachtet, darunter Forschungsdatensätze, Daten der Statistik-Ämter und Behörden, Daten von Unternehmen oder auch nutzergenerierte Daten. Im ODAAL-Katalog werden 40 Datenquellen vorgestellt, die Sammlungen oder einzelne Daten oder auch nur Links auf Datensätze beinhalten, die im Kontext von AAL geeignet sein könnten. Nur 4 Datenquellen stammen dabei aus dem unmittelbaren AAL-Kontext; und keine einzige Ressource beinhaltet Daten zu „Ausstattung, Nutzung und Einstellungen zu Technologien von Personen oder Einrichtungen" (s. S. Tabelle 6, S. 28), ein Thema mit hoher Relevanz für AAL. In Tabelle 4 (S. 21) wurden so auch Anforderungen an verfügbare Daten aus Perspektive der AAL-Community genannt. Tatsächlich ist dies eine Wunschliste, die die aktuell verfügbaren Daten nicht (annähernd) erfüllen. Insbesondere Daten zu den spezifischen, ggf. nach weiteren Altersgruppen unterteilten Situationen und Bedürfnissen von Personen 60+ werden in Datenerhebungen nicht weiter differenziert oder abgebildet.

Bei der Betrachtung der Nutzung der Daten wurde in der Studie die Perspektive von sechs unterschiedlichen Akteurgruppen eingenommen. Unmittelbare Nutzer/innen der verfügbaren Daten sind auf Seiten der Entwicklung von AAL-Anwendungen die Marktforschung und Innovationsentwicklung, die u. a. an Aussagen zu Bedürfnissen und Kaufkraft Interesse hat. Dann können Daten als Teil eines AAL-Service genutzt werden bzw. ein Service darauf aufbauen. Auch aus Perspektive der Forschung zu AAL sind verfügbare Daten interessant. Wichtige weitere Akteure sind zudem die Policy Maker, die End-Anwender/innen von AAL-Services sowie auch die Datenanbieter/innen.

Eine Reihe von Verfahren der Auswertung der Daten sind denkbar und werden z. T. auch schon im (weiteren) AAL-Kontext beim Umgang mit verfügbaren Daten eingesetzt. Allerdings gibt es zum einen nur wenige verfügbare Daten, die konkret aus dem AAL-Kontext bzw. -Projekten stammen, und auch nur eine überschaubare Zahl von Publikationen und Projekten, bei denen im Kontext von AAL bereits auf verfügbare Daten zurückgegriffen wird. Nur im Falle der Daten von OpenStreetMap scheint im größeren Ausmaß mit verfügbaren Daten gearbeitet zu werden.

Dass das Interesse an der (kreativen) Nutzung von verfügbaren Daten groß ist, zeigt insbesondere die vergleichsweise große Zahl von Expertinnen und Experten, die beim 3. ODAAL-Workshop teilgenommen haben, bei dem mögliche Nutzungsbeispiele erdacht und formuliert wurden. Die dort entwickelten acht kreativen Nutzungsmöglichkeiten wurden dabei in dieser Studie vorgestellt.

Bei allen drei ODAAL-Workshops, in der Literatur sowie beim Sichten der Literatur wurde immer wieder auch über Vor- und Nachteile, über Chancen und Herausforderungen der Nutzung von verfügbaren Daten gesprochen. Weil sich dies aus unterschiedlichen Perspektiven anders darstellt, wurden die Chancen und Hindernisse nicht nur zusammengefasst, sondern aus Sicht der sechs gewählten Perspektiven dargestellt. Im Unterschied zu Darstellungen, die den möglichen Impact von Open Data darstellen, wurden dabei auch gezielt der mögliche Aufwand und Herausforderungen bei der Nutzung dargestellt. Herausgegriffen wurden Chancen und Herausforderungen im Bezug auf die Themen der Kosten, der Qualität und Transparenz, des Datenschutzes und der Innovation.

8.2 Erwartung: Ein Zuwachs an verfügbaren Daten

Wie geht es weiter? Trägt man die Aussagen zusammen, scheint es absehbar zu sein, dass die Zahl der verfügbaren Daten, auch im Bereich von AAL zunehmen wird und damit auch zukünftig eine größere Rolle spielen werden. Entwicklungen die auf eine solche Zunahme hinweisen sind z. B. folgende:

- Zukünftig wird der Pool an Open Data, insbesondere Open Government Data, anwachsen, entsprechende Gesetze und Initiativen sind in Entwicklung.
- Der Datenbestand wird durch die rasant steigende Zahl von Sensoren und Nutzer/innen zunehmen; dass hier auch ein Teil der Daten frei verfügbar sein werden, scheint auch durch die sog. Quantified-Self-Bewegung[22] wahrscheinlich.
- Auch auf Seiten der Forschungsförderung steht das Bedürfnis, Forschungsdaten im größeren Umfang zur Verfügung zu stellen, hierbei sorgt z. B. E-Infrastructures Austria für entsprechende Repositorien[23].

Dennoch werden nicht in allen Bereichen immer mehr Daten verfügbar sein, so widerspricht dies zum einen den Erfordernissen des Datenschutzgesetzes; zum anderen verändert sich zumindest in Teilen der Bevölkerung auch die Wahrnehmungen der Möglichkeiten der Datenverwendung zu einem datensparsameren Verhalten oder auch zur entsprechenden Verhaltensänderung[24].

8.3 Der große Spielraum als Chance

Die Ergebnisse der Studie mögen ernüchternd wirken, wenn erwartet wurde, dass bereits zahreiche relevante Daten vorhanden sind und auch schon viele Erfahrungen damit gemacht wurden. Die Studie zeigt auch exemplarisch auf, dass und wie verfügbare Daten genutzt werden könnten, wenn sie z. B. auch umfangreicher zur Verfügung stehen würden. Und natürlich wird mit dem Aspekt des Schutzes von Persönlichkeit und Daten auch auf empfindliche Aspekte der Nutzung von verfügbaren Daten im Kontext von AAL hingewiesen.

---

[22] vgl. http://quantifiedself.com/ (2016-02-02)
[23] vgl. http://www.forschungsdaten.org/index.php/E-Infrastructures_Austria (2016-02-02)
[24] http://www.berliner-zeitung.de/digital/studie-zu-big-data-die-mehrheit-der-deutschen-zensiert-sich-selbst,10808718,33551506.html (2016-02-02)

Dass das Angebot und die Nutzung von verfügbaren Daten im Kontext von AAL in Österreich bislang eher gering ist, hat im Hinblick auf die Gestaltungsmöglichkeiten einen Vorteil: Es fällt so leichter, steuernd einzugreifen. Denn sowohl bei der Ersterhebung von Daten im Kontext von AAL als auch der Zurverfügungstellung bzw. der Nutzung von verfügbaren Daten können zentrale Schutzrechte von Betroffenen berührt sein (vgl. Unabhängiges Landeszentrum für Datenschutz Schleswig-Holstein, 2010).

8.4 Mögliche unterstützende Maßnahmen für die Nutzung

Bislang liegen noch nicht viele konkrete Erfahrungen mit der Nutzung von verfügbaren Daten in der österreichischen AAL-Community vor. Auch wurde gezeigt, dass die Chancen der Nutzung von verfügbaren Daten attraktiv sind, jedoch damit auch Herausforderungen verbunden sind – z. B. erhöhte Kosten bei der Aufbereitung der Daten sowie Kompetenzaufbau im Umgang mit verfügbaren Daten.

Konkrete Entwicklungen und Maßnahmen, die bei der Nutzung des Potentials von verfügbaren Daten unterstützen können, sollten dabei zum einen das Angebot der verfügbaren Daten mit Relevanz für AAL vergrößern, zum anderen das Wissen und die Kompetenzen dazu verbreiten (vgl. Abbildung 18). Bei diesem abschließenden Ausblick ist zu beachten, dass die Sammlung nicht auf einer elaborierten Untersuchung beruht, sondern als eine erste mögliche Skizze für weitere Maßnahmen dienen soll.

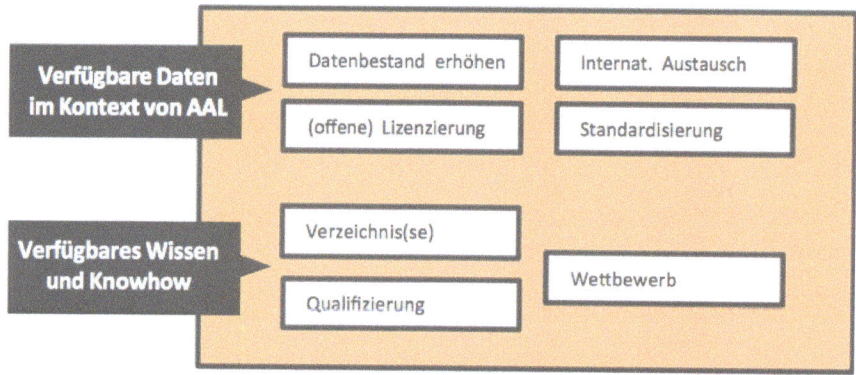

Abbildung 18: Mögliche unterstützende Maßnahmen zur Nutzung des Potentials verfügbarer Daten im Kontext von AAL

So gibt es mögliche Maßnahmen, die sich positiv auf den Bestand verfügbarer Daten für die österreichische AAL-Community auswirken könnten:

– Bislang ist das Angebot von verfügbaren Daten für die österreichische AAL-Community sehr überschaubar. Gezielte Fördermaßnahmen zur **Zurverfügung-**

stellung von Daten mit AAL-Bezug, also Forschungsdaten, Unternehmensdaten oder Daten der Behörden könnten hier die Attraktivität entscheidend erhöhen. Das Netzwerk Open Access Network Austria (OANA) wurde so im Jahr 2012 gegründet. Es hat sich u. a. zum Ziel gesetzt, sich über Empfehlungen zur Open-Access-Politik und gegenüber den Verlagen abzustimmen (vgl. Buschmann u. a., 2015; OANA, 2015).

– Um verfügbare Daten leichter auswertbar und verknüpfbar zu machen, sind **Standardisierungen** sowie auch ein **internationaler Blick und Kooperationen** notwendig (vgl. AALIANCE 2014).

– Der Fokus dieser Studie lag auf verfügbaren Daten, wobei die Nutzung der Daten häufig in einem Graubereich angesiedelt ist, v.a. wenn sie mit kommerziellen Interessen genutzt werden. Hier wäre die Unterstützung und Einführung von **Lizenzierungen** eine Chance, entsprechende Nutzungen zu unterstützen.

Neben diesen Maßnahmen gilt es zudem, die Informationen und die Kompetenzen rund um verfügbare Daten im AAL-Kontext aufzubauen.

– Das Wissen über verfügbare Daten ist in der AAL-Community nicht weit verbreitet. Der im Projekt entwickelte **ODAAL-Katalog,** entsprechende Aktualisierungen und auf den europäischen Kontext erweiterte Sammlungen können hier die Suche nach und das Wissen über verfügbare Daten erleichtern.

– Generell ist der Erfahrungsschatz rund um die Nutzung zu erweitern und auf mögliche Potentiale hinzuweisen. Dazu könnte auch mit **Wettbewerben** beigetragen werden. So fordert Stockinger (2015) im Bezug auf Open Data: „Durch eine (finanzielle) Förderung von Projekten (z. B. preisdotierte Wettbewerbe, Hackathons) können praktische Erkenntnisse über den Nutzen von Open Data in der Gesundheitsförderung gewonnen werden." (S. 36) – Solche Wettbewerbe müssten dann ggf. einen AAL-Kontext haben.

– Schon bei der Durchführung der Studie hat sich schließlich gezeigt, dass eine interdisziplinäre Kooperation und Zusammenarbeit notwendig ist, damit die mehrheitlich getrennten Expertisen zu AAL, Open Data und Datenauswertung gewinnbringend zum Einsatz kommen. Um verfügbare Daten nutzen zu können, geht es eben nicht nur darum, eine Idee zu entwickeln, sondern müssen auch entsprechende **Kompetenzen** bei der Auswertung vorhanden sein; also müssen entsprechende Qualifizierungen angeboten werden.

Gerade beim letzten Punkt gibt es zahlreiche Initiativen. So sind die skizzierten Kompetenzen wohl kongruent mit den „Big-Data-Kompetenzen", wie sie von Köhler und Meir-Huber (2014) beschrieben werden. Mit dem Argument „Daten sind der Rohstoff – Kompetenz ist der Schlüssel" (Köhler & Meir-Huber, 2014, S. 137) skizzieren sie neue Berufsbilder und Arbeitsbereiche für „Data Scientists", z. B. Big Data Business Developer für die Identifikation, Evaluierung und Umsetzung von innovativen Geschäftsmodellen, oder den „Big Data Analyst" für die innovative Verknüpfung von Daten, Machine Learning sowie Statistik und Mathematik (nach Köhler und Meir-Huber, 2014, Abbildung 18, S. 19). Zu den Kompetenzen eines

Big Data Scientist werden dabei auch rechtliche Kompetenzen zu Datenschutz und Ethik gezählt. So gibt es auch in Österreich entsprechende Weiterbildungsangebote, z. B. zum „Data Governance Officer"[25]. Auch die Österreichische Computergesellschaft gibt den Themen Big Data und Data Science Bedeutung, indem sie die Themen zum Jahresanfang 2016 in den Mittelpunkt einer „IKT Trends 2020"-Veranstaltung gestellt wurde.

---

[25] http://www.iir.at/veranstaltungen/seminar/data-governance-officer-data-scientist/ (2016-02-02)

9 ANHANG

9.1 Literaturverzeichnis

AAL Association (2015). Toolbox, Methods of User Integration for AAL Innovations URL: http://www.aal-europe.eu/wp-content/uploads/2015/02/AALA_ToolboxA5_online.pdf (2016-01-06)

AALIANCE2 (2014). Ambient Assisted Living Roadmap. Deliverable 2.7 URL: http://www.aaliance2.eu/sites/default/files/AA2_WP2_D2%207_RM2_rev5.0.pdf (2015-12-02)

de Abreu, Rodolfo Telo Martins (2012). Algorithms for Information Extraction and Signal Annotation on long-term Biosignals using Clustering Techniques. Dissertação para obtenção do Grau de Mestre em Engenharia Biomédica. Universität Lisabon. URL: http://run.unl.pt/bitstream/10362/8250/1/Abreu_2012.pdf (2016-01-05)

Agrawal, Rakesh & Srikant, Ramakrishnan (2000). Privacy-preserving data mining. In: SIGMOD '00 Proceedings of the 2000 ACM SIGMOD international conference on Management of data, S. 439-450.

Alemdar, H.; Ertan, H.; Incel, O.D.; Ersoy, C. (2013). ARAS Human Activity Datasets in Multiple Homes with Multiple Residents. Proceedings of the 7th International Conference on Pervasive Computing Technologies for Healthcare, Venice, Italy, 5–8 May 2013; S. 232–235.

Altsearchengines.com (2009). ePulze uses sentiment analysis to build better advertising. (2009-10-04)

Arbeitsgruppe Metadaten der Cooperation OGD Österreich (2015). OGD Metadaten 2.3.; URL: http://reference.e-government.gv.at/OGD-Metadaten-2-3.3269.0.html (1.12.15)

Ayers, J. W., Althouse, B. M., Allem, J.-P., Rosenquist, J.N., & Ford, D. E. (2013). Seasonality in Seeking Mental Health Information on Google. American Journal of Preventive Medicine, 44, 520–525. doi:http://dx.doi.org/10.1016/j.amepre.2013.01.012

Banaee, Hadi; Uddin Ahmed, Mobyen & Loutfi, Amy (2013).Data Mining for Wearable Sensors in Health Monitoring Systems: A Review of Recent Trends and Challenges. In: Sensors 2013, 13(12), 17472-17500.

Bellazzi, Riccardo; Dagliati, Arianna; Sacchi, Lucia; Segagni, Daniele (2015). Big Data Technologies. New Opportunities for Diabetes Management. In: Journal of Diabetes Sciences and Technologies, online publiziert am 24.4.15

Beringer, Robert; Sixsmith, Andrew; Campo, Michael ; Brown, Julie & McCloskey, Rose (2011). The "Acceptance" of Ambient Assisted Living: Developing an Alternate Methodology to This Limited Research Lens. In: Volume 6719 of the series Lecture Notes in Computer Science, 9th International Conference on Smart Homes and Health Telematics, ICOST 2011, Montreal, Canada, June 20-22, 2011. Proceedings, S. 161-167.

Berthold, Michael & Hand, David (2003). Intelligent Data Analysis, An Introduction. Berlin: Springer.

Berners-Lee, Tim (2007). Giant Global Graph. Weblogeintrag vom 21.11.2007, htp://dig.csail.mit.edu/breadcrumbs/node/215 (2009-11-21)

BITKOM (2012). Big Data im Praxiseinsatz – Szenarien, Beispiele, Effekte. Berlin: Bitkom. URL:http://www.bitkom.org/files/documents/BITKOM_LF_big_data_2012_online %281%29.pdf (2015-02-15)

Bitkom (2014). Ergebnisse einer repräsentativen Befragung von Unternehmen in Deutschland. Potenziale und Einsatz von Big Data. Berlin: Bitkom. URL: http://www.bitkom.org/files/documents/Studienbericht_Big_Data_in_deutschen_Unternehmen.pdf (2015-02-15)

Bitkom (2015). Big Data und Geschäftsmodell-Innovationen in der Praxis: 40+ Beispiele. Leitfaden. Berlin: Bitkom, URL: http://www.bitkom.org/files/documents/BITKOM-Leitfaden_Big_Data_und_GM-Innovationen_06Febr2015.pdf (2015-02-15)

Bizer, C., Lehmann, J., Kobilarov, G., Auer, S., Becker, C., Cyganiak, R., Hellmann, S. (2009). DBpedia - A crystallization point for the Web of Data. Web Semantics: Science, Services and Agents on the World Wide Web 7(3), 154–165.

Buschmann, Katrin; Kasberger, Stefan; Kraker, Peter; Mayer, Katja; Reckling, Falk; Rieck, Katharina, & Vignoli, Michela (2015). Open Science in Österreich: Ansätze und Status. In Information. Wissenschaft & Praxis 2015; 66(2–3): 1–9. URL: http://www.oana.at/fileadmin/user_upload/p_oana/oana/Paper_Open_Science_in_AT_FINAL_V1.0.pdf (vorläufiges Manuskript, 2016-01-01).

Carney, M. (2013, May 20). You are your data: The scary future of the quantified self movement. Pando Daily.

Clark, R.A.; Inglis, S.C.; Stewart, S. (2007). Telemonitoring or structures telephone support programmes for patients with chronic heart failure: systematic reviw and meta-analysis. BMJ Research, 1-9. URL: http://www.bmj.com/content/334/7600/942 (2016-01-05)

Chui, Michael; Farrell Diana & Van Kuiken, Steve (2013). Generating Economic Value through Open Data. In: Brett Goldstein & Lauren Dyson, Beyond Transperancy, Open Data and the Future of Civic Innovation,163-172, http://www.revelstonelabs.com/_media/press-releases/beyond_transparency_book.pdf#page=175 (2015-02-15)

Conger, K. (2012). BIG DATA: What it means for our health and the future of medical research. Special Report, URL: http://stanmed.stanford.edu/2012summer/article1.html (2015-02-15)

Consolvo, S. u. a. (2008). Flowers or a Robot Army?: Encouraging Awareness & Activity with Personal, Mobile Displays. In: Proc. 10th Int'l. Conf. Ubiquitous Comp., Sept. 21–24, 2008, Seoul, Korea.

Digital Networked Data. Verein für Innovation und Erforschung vernetzter digitaler Daten (2015). Bericht. Big Data und Data-driven Business für KMU. URL: http://www.salzburgresearch.at/publikation/big-data-und-data-driven-business-fuer-kmu/ (2016-01-05)

Dix, Alexander (2009). Informations- und datenschutzrechtliche Aspekte von Ambient Assisted Technologies - Was muss man beachten? In 2. Deutscher AAL-Kongress mit Ausstellung/Technologien – Anwendungen, 27.-28. Januar 2009 in Berlin.

Eriksson, Nicholas; Macpherson, J. Michael u. a. (2011). Web-based, participant-driven studies yield novel genetic associations for common traits. PLoS Genetics, 6(6): e1000993.

Ester, Martin & Sander, Jörg (2000). Knowledge Discovery in Databases. Techniken und Anwendungen. Berlin: Springer.

Fülöp, G. (2009). Nutzung von Routinedaten für die Qualitätsmessung in Österreich. In: Deutsche Medizinische Wochenschrift, 134, S. 108; URL: https://www.thieme-connect.com/products/ejournals/html/10.1055/s-0029-1242664 (2015-01-03)

FWF (2015). Open Access Policy für vom FWF geförderte Projekte. URL:http://www.fwf.ac.at/de/forschungsfoerderung/open-access-policy/ (2016-01-01)

Ginsberg J., Mohebbi M.H., Patel R.S., Brammer L., Smolinski M.S., Brilliant L. (2009). Detecting influenza epidemics using search engine query data. In: Nature 2009;457, S. 1012-1014.

Gloor, Peter, Krauss, Jonas S., Nann, Stefan, Fischbach, Kai and Schoder, Detlef, Web Science 2.0: Identifying Trends Through Semantic Social Network Analysis (November 11, 2008). http://ssrn.com/abstract=1299869 (2009-10-14)

Goldstein, Brett & Dyson, Lauren (2013). Beyond Transperancy, Open Data and the Future of Civic Innovation. URL: http://beyondtransparency.org/ (2015-02-15)

Groß, Olaf (2008). Community-Strategien für den Online-Shops: Kaufen als Gesellschaftserlebnis. In: iBusiness Executive Summary, Jg. 18, Ausgabe 16/17, 8-9.

Hand, David; Mannila, Heikki; & Smyth, Padhraic (2001). Principles of Data Mining, MIT Press.

Health Data Exploration Project (2014a). Personal Data for the Public Good. New Opportunities to Enrich Understanding of Individual and Population Health, Final report of the health data exploration project, March 2014, Calit2, UC Irvine and UCSan Diego. URL: http://hdexplore.calit2.net/wp/hdx_final_report_small.pdf (2015-02-15)

Health Data Exploration Project (201b4). Bibliography. URL: http://hdexplore.calit2.net/wp/project/annotated-bibliography/ (2015-02-14)

Heierman, E. O. & Cook, D. J. (2003). Improving home automation by discovering regularly occurring device usage patterns. In: Proceedings of the International Conference Data Mining, Nov. 2003, S. 537-540.

von Hippel, Eric (2005). Democraticing Innovation. Cambridge MIT Press. URL:http://web.mit.edu/evhippel/www/books/DI/DemocInn.pdf (2015-10-02)

Hitzler, Pascal & Krötsch, M. (2008). Semantc Web Technologies. Berlin: Springer.

Jagsch, Christian; Kainz, Elmar J. & Klug, Günter (2015).Versorgung älterer psychisch Kranker in Österreich: stationäre akutpsychiatrische, Langzeit- und ambulante Betreuungsaspekte. In: ournal für Neurologie, Neurochirurgie und Psychiatrie 2015; 16 (4): 149-158. URL: http://www.kup.at/kup/pdf/13199.pdf (2015-12-24)

Jakkula, V. & Cook, D. (2008). Anomaly detection using temporal data miningin a smart home environment. In: Methods of Information in Medicine, 47, 1, S. 70-75.

Jurek, Anna; Nugent, Chris; Bi, Yaxin & Wu, Shengli (2014). Clustering-Based Ensemble Learning for Activity Recognition in Smart Homes. In: Sensors 2014, 14(7), 12285-12304; doi:10.3390/s140712285

King, W. R., & He, J.(2006). A meta-analysis of the technology acceptance model. Information and Management, 43(6), 740-755.

Kleinberger, Thomas; Becker, Martin; Ras, Eric; Holzinger, Andreas & Müller, Paul (2007). Ambient Intelligence in Assisted Living: Enable Elderly People to Handle Future Interfaces. In: Universal Access in Human-Computer Interaction. Ambient Interaction, Volume 4555 of the series Lecture Notes in Computer Science, S. 103-112

Knoth, Petr; Schmidt, Marek & Smrž, Pavel (2008). Information Extraction — State-of-the-Art. Knowledge in a Wiki (KiWi), Deliverable 2.5. http://wiki.kiwi-project.eu/multimedia/kiwi-pub: KiWi_D2.5_final.pdf (2009-09-02)

Köhler, Martin & Meir-Huber, Mario (2014). Big Data in Austria. Österreichische Potenziale und Best Practice für Big Data. Studie des Bundesministerium für Verkehr, Innovation und Technologie Lfd.Nr. 4045457, April 2014. URL: https://www.ffg.at/sites/default/files/allgemeine_downloads/thematische%20programme/IKT/big_data_in_austria.pdf (2015-02-15)

Kolland, Franz; Mayer, Tanja & Nentwich, Kathrin (2011). Österreichische Forschungsdaten zu Altersfragen (Bibliographie). URL: https://www.sozialministerium.at/cms/site/attachments/6/2/3/CH2227/CMS1314963502633/oesterreichische_forschungsdaten_zu_altersfragen.pdf (2016-01-04)

Kroes, Neelie (2014). Digital Agenda. In: AARP International The Journal, 03/2014, URL: http://journal.aarpinternational.org/a/b/2014/03/a-digital-agenda (2015-02-14)

Krumme, C., Llorente, A., Cebrian, M., Pentland, A. S., & Moro, E. (2013). The predictability of consumer visitation patterns. Scientific Reports, 3(1645), 1-5. URL: http://www.nature.com/srep/2013/130418/srep01645/full/srep01645.html (2015-02-15)

Kubicek, Herbert (2015). Offene Daten auf kommunaler und Landesebene in Deutschland 2014. Ein Statusbericht. In: Lutz, Brigitte & Tschabuschnig, Günther (2015, Hrsg.). 4. ogd da-ch-li konferenz open X. Konferenzmagazin 24. Juni 2014, Wien. Wien: ADV – Arbeitsgemeinschaft für Datenverarbeitung. URL: https://www.adv.at/ADV.Website/media/20150624_KONF_OGD-DACHLI/DACHLI_Konferenzmagazin_2015.pdf (2015-10-14), S. 37-44.

Layfield, R., Thuraisingham, B., Khan, L., Kantarcioglu, M. (2009). Design and implementation of a secure social network system. International Journal of Computer Systems Science & Engineering, 24(2), URL eines Preprint: https://www.utdallas.edu/~bxt043000/Publications/Technical-Reports/UTDCS-22-06.pdf (2016-02-03)

Leisenberg, Manfred (2008). Soziale Netze und Web 2.0 - Chance für die Marktforschung. In: Computerwoche, 9.6.2008 http://www.computerwoche.de/netzwerke/web/1866180/ (2009-10-03)

Lexikon des Datenschutzrechts (2015). URL: https://www.bka.gv.at/site/5811/default.aspx (2015-11-14)

Lutherdt, Stefan; Lienert, Katrin; Stiller, Carsten; Wagner, Sarina; Federspiel, Michael; Renhak, Karsten; Oswald, Mark & Roß, Fred (2012). Entwicklung und Erprobung einer Informationsplattform für Senioren zur individualisierten Informationsgewinnung und Wahrnehmung spezifischer Dienstleistungsangebote. In: Martin Gersch & Joachim Liesenfeld (Hrsg.), AAL- und E-Health Geschäftsmodelle, Technologie und Dienstleistungen im demografischen Wandel und in sich verändernden Wertschöpfungsarchitekturen AAL- und E-Health-Geschäftsmodelle. Wiesbaden: Gabler, S. 213-238.

Lutz, Brigitte & Tschabuschnig, Günther (2015, Hrsg.). 4. ogd d-a-ch-li konferenz open X. Konferenzmagazin 24. Juni 2014, Wien. Wien: ADV – Arbeitsgemeinschaft für Datenverarbeitung. URL: https://www.adv.at/ADV.Website/media/20150624_KONF_OGD-DACHLI/DACHLI_Konferenzmagazin_2015.pdf (2015-10-14)

Ma, Q., & Liu, L. (2004). The technology acceptance model: A meta-analysis of empirical findings. Journal of Organizational and End User Computing, 16(1), 59-72.

Mackensen, Lutz (1991). Deutsches Wörterbuch. Bindlach: Godrom.

Manyika, J., Chui, M., Brown, B., Bughin, J., Dobbs, R., Roxburgh, C., & Hung Byers, A. (2011). Big Data: The next frontier for innovation, competitiveness and productivity. McKinsey Global Institute, May 2011. URL: http://www.mckinsey.com/insights/business_technology/big_data_the_next_frontier_for_innovation (2015-02-15)

Markus, Mark & Schaffert, Sandra (2010). Web-Monitoring mit freien Quellen und Werkzeugen für Unternehmen. Beispiel: Skiherstellerbranche. In: Patrick Brauckmann (Ed.), Web-Monitoring. Gewinnung und Analyse von Daten über das Kommunikationsverhalten im Internet, Konstanz: UVK-Verlag, 190-204.

Mayer-Schönberger, Viktor (2013). Big Data: die Revolution, die unser Leben verändern wird. München: Redline, München; Bachmann, Ronald; Kemper, Guido; & Gerzer; Thomas (2014). Big Data - Fluch oder Segen? Unternehmen im Spiegel gesellschaftlichen Wandels.

Heidelberg: Mitp; Martini, Mario (2014). Big Data als Herausforderung für den Persönlichkeitsschutz und das Datenschutzrecht, DVBl. 2014, 1481-1489

Medical Communities (2008). Medizinische Communities als Heimat im Pharmamarketing. URL: http://www.medical-communities.de/virtuelleheimat.html (2008-11-24)

Mishne, G. & Glance, N. (2006). Predicting Movie Sales from Blogger Sentiment Export: In AAAI 2006 Spring Symposium on Computational Approaches to Analysing Weblogs.

Muñoz, Diego; Gutierrez, Francisco J.; Ochoa, Sergio F. and Baloian, Nelson (2015). Social connector: A ubiquitous system to ease the social interaction among family community members. In: International Journal of Computer Systems Science & Engineering, 1: 57–68, URL: https://www.researchgate.net/profile/Sergio_Ochoa3/publication/279325304_Social_connector_A_ubiquitous_system_to_ease_the_social_interaction_among_family_community_members/links/55c09d5e08ae9289a09b8b60.pdf (2016-02-15)

Mulvenna, M.; Carswell, W. ; McCullagh, P. ; Augusto, J.C. ; Huiru Zheng ; Jeffers, P. ; Haiying Wang ; Martin, S. (2011). Visualization of data for ambient assisted living services. In: Communications Magazine, IEEE, Volume:49 Issue:1, S. 110-117.

Müller, Heimo, Reihs, Robert; Zatloukal, Kurt & Holzinger Andreas (2014). Analysis of biomedical data with multilevel glyphs. In: BMC Bioinformatics 201415, (Suppl 6), Knowledge Discovery and Interactive Data Mining in Bioinformatics Research. URL: http://bmcbioinformatics.biomedcentral.com/articles/10.1186/1471-2105-15-S6-S5 (2015-12-05)

Nauck, Detlef; Borgerlt, Christian; Klawonn, Frank & Kruse, Rudolf (2003). Neuro-Fuzzy-Systeme - Von den Grundlagen Neuronaler Netze zu modernen Fuzzy-Systemen Wiesbaden: Vieweg-Verlag.

OANA (2015). Unsere Aufgaben. URL: http://www.oana.at/aufgaben/ (2016-02-17)

Open Knowledge Foundation (2006). Open Knowledge Foundation, London

Paule-Ruiz, M. d.; Riestra-Gonzalez, M. Sánchez-Santillan, M.; Pérez-Pérez, J. (2015). The Procrastination Related Indicators in e-Learning Platforms. In: JUC-S, 21/1, 7-22. URL: http://www.jucs.org/jucs_21_1/the_procrastination_related_indicators# (2015-02-15)

Pinquart, M. & Sorensen, S. (2001). Influences on Loneliness in Older Adults: A Meta-Analysis, Basic and Applied Social Psychology, 23, 4, S. 245-266.

Preische, Jens (2014). Digitales Gold. Nutzen und Wertschöpfung durch Open Data für Berlin. Berlin: Technologiestiftung Berlin. URL: https://www.technologiestiftung-berlin.de/fileadmin/daten/media/publikationen/140201_Studie_Digitales_Gold_Open_Data.pdf (2015-12-03)

Quinn, Darren; Chen, Liming and Mulvenna, Maurice (2012) Social Network Analysis – A Survey. International Journal of Ambient Computing and Intelligence, 4 (3), S. 46-58. URL: http://uir.ulster.ac.uk/23719/1/Socal_Network_Analysis_-_A_Survey.pdf (2016-01-15)

Randler, Stephan (2009). Die Zukunftsperspektiven von Social Shopping: Wo das größte Marktpotential lauert. In: iBusiness Executive Summary, 19, 8, 12-13.

Rashidi, P. & Cook, D. (2010). Mining sensor streams for discovering human activity patterns over time," in Proceedings of the International Conference Data Mining, 2010, S. 431-440.

Reckling, Falk (2013). Open Access - Aktuelle internationale und nationale Entwicklungen. FWF, FWF, 20.02.2013, URL: http://www.fwf.ac.at/fileadmin/files/Dokumente/News_Presse/News/FWF_OA-2013.pdf (2016-01-02)

Reichman, O., Jones, M., & Schildhauer, M. (2011). Challenges and Opportunities of Open Data in Ecology. Science , 331 (6018), 703-705.

Rothfeder, Jeffrey (1992). Privacy for Sale: How Computerization Has Made Everyone's Private Life an Open Secret. Simon & Schuster Trade.

Schadt, Eric E (2012) The changing privacy landscape in the era of big data, In: Molecular Systems Biology (2012) 8, 612. URL: http://msb.embopress.org/content/8/1/612.short (2016-02-01)

Schaffert, Sandra; Eder, Julia; Hilzensauer, Wolf, Kurz, Thomas; Markus, Mark; Schaffert, Sebastian; Westenthaler, Rupert & Wieden-Bischof, Diana (2009). (Meta-) Informationen von Communitys und Netzwerken. Entstehung und Nutzungsmöglichkeiten. Erschienen in der Reihe "Social Media", hrsg. von Georg Güntner und Sebastian Schaffert, Band 2. Salzburg: Salzburg Research.

Spiegel Online (2015). Die Sensorenresidenz: Diese Wohnung verrät ihre Bewohner. Beitrag von Judith Horchert und Christian Stöcker am 26.11.15; URL: http://www.spiegel.de/netzwelt/gadgets/was-die-daten-im-smart-home-verraten-a-1064107.html (2015-11-30)

Schön, Sandra; Steinmann, Renate; Friesenecker, Michael; Hackl, Roland & Rehrl, Karl (2012). Crowdsourcing bei Geo- und Reisedatenprojekten – was macht OpenStreetMap, Waze & Co. erfolgreich? Hrsg. vom Projektkonsortium „OpenTravelTimeMap", Salzburg: Salzburg Research.

Schön, Sandra; Wieden-Bischof, Diana; Schneider, Cornelia & Schumann, Martin (2011). Mobile Gemeinschaften. Erfolgreiche Beispiele aus den Bereichen Spielen, Lernen und Gesundheit.Band 5 der Reihe „Social Media" (hrsg. von Georg Güntner und Sebastian Schaffert. Salzburg: Salzburg Research

Seibel, Benjamin (2016). Open Data in der Praxis. Bereitsteller und Anwender offener Daten in Berlin. Berlin: Technologiestiftung Berlin. URL: https://www.technologiestiftung-berlin.de/fileadmin/daten/media/publikationen/160128_TSB_OpenDataBerlin.pdf (2016-01-03)

Shepperd, S.; Doll, H.; Angus; R.M.; Clarke, M.J,; Iliffe, S.; Kalra, L.; Ricauda; N.A.; Tibaldi, V.; Wilson, A.D. (2009). Avoiding hospital admission through provision of hospital care at home: a systematic review and meta-analysis of individual patient data. In: CMAJ, 180(29), 175-182.

Stegbauer, Christian (2009). Wikipedia. Das Rätsel der Kooperation. Wiesbaden: VS Verlag.

Steiner, Thomas; Troncy, Raphael & Hausenblas, Michael (2010). How Google is using Linked Data Today and Vision For Tomorrow. URL: http://www.australianscience.com.au/research/google/37430.pdf (2016-01-02)

Steinke, Frederick (2015). Influence of Trust in Ambient Assisted Living Technologies. Dissertation submitted in fulfillment of the requirements for the degree of doctor rerum naturalium (Dr. rer. nat.) in psychology at Faculty of Life Sciences, Humboldt University Berlin. URL: http://edoc.hu-berlin.de/dissertationen/steinke-frederick-2015-02-27/PDF/steinke.pdf (2016-01-05)

Stockinger, Georg (2013). Potentiale von Open Government Data im österreichischen Gesundheitswesen am Beispiel der Kinder- und Jugendgesundheit. Masterarbeit eingereicht an derIMC Fachhochschule Krems. URL: https://www.data.gv.at/wp-content/uploads/2012/03/Masterthesis-Georg-Stockinger-OGD-im-Gesundheitswesen.pdf

Stockinger, Georg (2015). Potentiale von Open Data in der Gesundheitsförderung am Beispiel der Kinder- und Jugendgesundheit. In: Lutz, Brigitte & Tschabuschnig, Günther (2015, Hrsg.). 4. ogd d-a-ch-li konferenz open X. Konferenzmagazin 24. Juni 2014, Wien. Wien: ADV – Arbeitsgemeinschaft für Datenverarbeitung. URL: https://www.adv.at/ADV.Website/media/20150624_KONF_OGD-DACHLI/DACHLI_Konferenzmagazin_2015.pdf (2015-10-14), S. 33-36.

Sunlight Foundation (2010). Ten Principles for Opening Up Government Information, Washington DC: Sunlight Foundation, URL: http://sunlightfoundation.com/policy/documents/ten-open-data-principles (2015-02-15)

TAALXONOMY (2014). TAALXONOMY Classification, URL: http://www.taalxonomy.eu/wp-content/uploads/Downloads/D4.1-ANNEX-TAALXONOMY-final-oeffentlich.xlsx (1.12.15)

Tunca, Can; Alemdar,Hande; Ertan, Halil; Incel, Ozlem Durmaz & Ersoy, Cem (2014). Multimodal Wireless Sensor Network-Based Ambient Assisted Living in Real Homes with Multiple Residents. In: Sensors (Basel). 2014 Jun; 14(6): 9692–9719.

Unabhängiges Landeszentrum für Datenschutz Schleswig-Holstein (ULD) (2010). Vorstudie – Juristische Fragen im Bereich altersgerechter Assistenzsysteme. URL: https://www.datenschutzzentrum.de/aal/2011-ULD-JuristischeFragenAltersgerechteAssistenzsysteme.pdf (2016-03-01)

(VDE) Deutsche Kommission Elektrotechnik Elektronik Informationstechnik im DIN und VDE (2012). Die deutsche Normungs-Roadmap AAL (= Kambien Assisted Living). Frankfurt: VDE, Stand 2012. URL: http://www.dke.de/de/std/aal/documents/deutsche_normungs-roadmap_aal.pdf (2015-02-15)

Van Kasteren, T. (2011). Activity Recognition for Health Monitoring Elderly Using Temporal Probabilistic Models. Ph.D. Thesis, UvA Universiteit van Amsterdam, Amsterdam, The Netherland, 2011.

von Lucke, Jörn & Geiger, Christian P. (2010). Open Government Data. Frei verfügbare Daten des öffentlichen Sektors. Gutachten für die Deutsche Telekom AG zur T-City Friedrichshafen. Version vom 03.12.2010. URL: https://www.zu.de/info-de/institute/togi/assets/pdf/TICC-101203-OpenGovernmentData-V1.pdf (2015-02-15)

Verhulst, Stefaan, Noveck, Beth Simone; Caplan, Robyn; Brown, Kristy und Paz, Claudia (2014). The open data era in health and social care. NHS England. URL: http://images.thegovlab.org/wordpress/wp-content/uploads/2014/06/nhs-full-report.pdf (2015-11-29)

Walcott, B.P.; Nahed, B.V.; Kahle, K.T.; Redjal, N. & Coumans, J.V. (2011). Determination of geographic variance in stroke prevalence using Internet search engine analytics. In: Neurosurgical Focus. 2011; 30, E19.

Wikipedia (2016). Eintrag „ETL-Prozess". URL: https://de.wikipedia.org/wiki/ETL-Prozess (2016_01-06)

Zeller-Lukashort, Christof (2015). Klassifikation von Informationen für PSI-Umsetzung. White Paper. psi-klassifikation 1.0.0 22.6.2015Projektteam / Arbeitsgruppe:BLSG PG UPSIR - Umsetzung PSI Richtlinie. URL: http://reference.e-government.gv.at/fileadmin/_migrated/content_uploads/psi-klassifikation_1-0-0_20150622.pdf (2015-11-17)

Zimmermann, A., Lopes, N., Polleres, A., Straccia, U. (2011), A General Framework for Representing, Reasoning and Querying with Annotated Semantic Web Data. Elements, 1437-1442; Dividino, R., Sizov, S., Staab, S., Schueler, B. (2009), Querying for provenance, trust, uncertainty and other meta knowledge in RDF. Web Semant. 7, 204-219.

9.2 Materialien

Der ODAAL-Kriterienkatalog

Allgemeines

Eindeutiger Identifikator	[Vom System vergeben / eindeutig]
Titel	[Freitext]
URL zum Datensatz, Dienst oder Dokument	URL
Beschreibung der Daten	[Freitext]
Allgemeine thematische Zuordnung	[Mehrfachauswahl] Arbeit Bevölkerung Bildung und Forschung Finanzen und Rechnungswesen Geografie und Planung Gesellschaft und Soziales Gesundheit Kunst und Kultur Land- und Forschungswirtschaft Sport und Freizeit Umwelt Verkehr und Technik Verwaltung und Politik Wirtschaft und Tourismus
Schlagworte	Tags (Schlagworte)

Datenherkunft und Qualität

Datenverantwortliche Stelle	[Freitext]
Veröffentlichende Stelle	[Freitext]
Herkunft des Materials	[Mehrfachauswahl] Forschungsdatensätze Daten der Statistik-Ämter und Behörden Daten von Unternehmen Nutzergenerierte Daten Sonstiges
Datenerhebung	[Mehrfachauswahl] Vollerhebung (möglicherweise) repräsentativ k.A. /sonstiges
Datenerhebung – Methodik	[Freitext]

Datenaufbereitung und -umfang	[Mehrfachauswahl] Einzelner Datensatz bzw. Sammlung von strukturierte Daten Sammlung (Repository) von mehreren Datensätzen Linksammlung (Referatory) zu mehreren Datensätze/Daten (halb)strukturierte Daten bzw. Rohdaten sonstiges
Aktualisierung der Daten	[Mehrfachauswahl] Die Daten werden in sehr kurzen Abständen aktualisiert (max. eine Woche) Die Daten werden regelmäßig aktualisiert (in Abständen die größer als eine Woche sind und kürzer als ein Jahr) Es sind (unregelmäßig) Aktualisierungen der Datensätze zu erwarten. Aktualisierungen der Datensätze sind nicht zu erwarten. k.A./sonstiges
Metainformationen zu den Daten	[Mehrfachauswahl] Es gibt Materialien dazu, die Auskunft darüber geben, auf welche Weise die Daten erhoben wurden Es gibt Informationen darüber, wie die Daten strukturiert sind (Metadaten) (Ausführliche) Metainformationen zu den Daten liegen nicht vor. sonstiges
Nutzung der Daten durch Dritte	[Auswahl] die Daten wurden anscheinend bereits durch Dritte genutzt keine Angabe möglich
Datenherkunft und qualität - Freitext	[Freitext]

Bezüge zu AAL in Österreich

AAL-Bezug (Allgemein)	[Mehrfachauswahl] Die Daten wurden im Rahmen von AAL-Projekten/-Fragestellungen erfasst Die Daten wurden in anderen oder allgemeineren Kontexten erfasst k.A.
Adressierte AAL-Themen	[Mehrfachauswahl] Gesundheit und Pflege Wohnen und Gebäude Sicherheit und Schutz Mobilität und Transport Arbeit und Schulung Vitalität und Fähigkeiten Freizeit und Kultur Information und Kommunikation Ausstattung, Nutzung und Einstellungen zu Technologien von Personen oder Einrichtungen Daten zur Bevölkerungsstruktur im Bezug auf Alter Sonstiges

Formate	[Mehrfachauswahl]
	GIS
	Bild und Ton (Multimedia)
	Tabellen
	sonstige
Verknüpfbarkeit der Daten	[Mehrfachauswahl]
	Über Geodaten denkbar
	Über Personengruppen/-daten denkbar
	Mithilfe von Ontologien/Taxonomie denkbar
	sonstiges/anderes
Geografischer Bezug	[Mehrfachauswahl]
	Für Österreich oder Teile Österreichs
	Für Deutschland
	Für Schweiz
	Für Deutschsprechende (international)
	Für Skandinavien (Schweden, Norwegen und Dänemark)
	Sonstiges

Rechtliche Aspekte der Nutzung

Nutzungsmöglichkeiten und Lizenzierung der Daten	[Mehrfachauswahl]
	Lizenzierung (z. B. mit CC BY SA) der Materialien v.a. mit offenen Lizenzen (also Open Data, OGD) (LOGO)
	Die kostenfreie Nutzung ist (eingeschränkt) erlaubt
	Die kostenfreie Nutzung ist nicht explizit erlaubt, jedoch auch nicht explizit verboten [Graubereich]
	Die Nutzung ist mit Kosten verbunden.
	Die Nutzung ist nur für wissenschaftliche Zwecke erlaubt
	Es gibt sonstige Auflagen für eine Nutzung
	Auswertungen der Datenbestände, aber kein Zugriff auf die eigentlichen Daten
	[Ausschlusskriterium: Nutzung der Daten ist in den AGB dezidiert ausgeschlossen, z. B. bei Facebook]
Rechtsraum für die Datennutzung	[Mehrfachauswahl]
	Österreich
	Deutschland
	anderer
	Unbekannt

Informationen zur Erfassung

Eintrag erstellt	[Datum]
Eintrag zuletzt aktualisiert	[Datum]
URL	[URL] (zum ODAAL-Eintrag)

Postervorlage für die Erarbeitung der kreativen Nutzungsmöglichkeiten verfügbarer Daten für AAL beim 3. ODAAL-Workshop

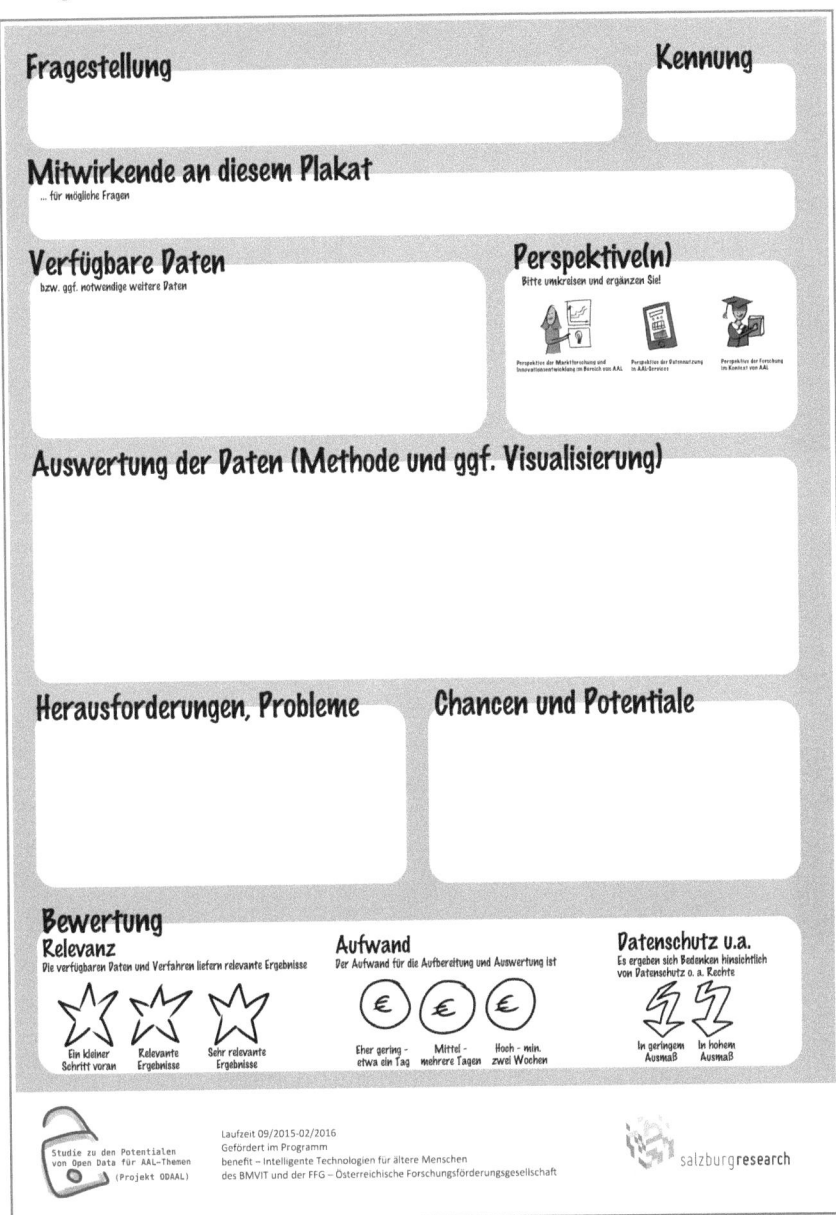

DIE REIHE „INNOVATIONLAB ARBEITSBERICHTE"

In der Reihe „InnovationLab Arbeitsberichte", herausgegeben vom Forschungsbereich InnovationLab der Salzburg Research Forschungsgesellschaft mbH sind bisher folgende drei Bände erschienen:

Band 1 (April 2015)
Europäische Kulturstraßen und Naturwege 2.0: Vermittlung von kulturellem Erbe mit mobilen Informations- – und Kommunikationstechnologien am Beispiel des Weitwanderweges „SalzAlpenSteig"
(Veronika Hornung-Prähauser und Diana Wieden-Bischof)

ISBN 978-3-734786-88-4

Band 2 (März 2016)

Geschäftsmodelle für AAL-Lösungen entwickeln
durch systematische Einbeziehung der Anspruchsgruppen
(Veronika Hornung-Prähauser, Hannes Selhofer
und Diana Wieden-Bischof)

ISBN 978-3-739239-30-9

Band 3 (April 2016)

Das Potential verfügbarer Daten für Forschung und Entwicklung
von Active and Assisted Living bzw.
Ambient Assisted Living (AAL)
(Sandra Schön, Cornelia Schneider, Diana Wieden-Bischof und Viktoria Willner)

ISBN 978-373-9-239-28-6